Für Manuela

Menschen wie du machen die Welt um einen kostbaren Schatz reicher.

Psychologin **Dr. Lisa Gamper**

DIE KUNST ES LEICHTZUNEHMEN

Aufräumen im
Unterbewusstsein
für ein glückliches
Leben in Balance

INHALT

Liebe Leserin, lieber Leser! 7

DAS KREUZ MIT DEM GLÜCKLICHSEIN 14
Mensch, du hast es völlig falsch verstanden! 15
    Toxic Positivity: Ein gefährlicher Trend 29

DIE WAHRHEIT ÜBER STRESS UND BURNOUT 34
Über unsere Hassliebe zum hektischen Leben 35
Mit dem Steinzeitkörper im modernen Durcheinander 42
Stress kann auch nützlich sein 45
    Resilienz: Wohlfühlen durch innere Stärke 54

DAS WUNDER DER SELBSTLIEBE 58
Warum du dich selbst besser behandeln solltest 59
Du hast genug Zeit, wenn du sie richtig nutzt 68
Entspannung allein ist nicht genug 74

ACHTSAMKEIT: ALLHEILMITTEL ODER MODEERSCHEINUNG? 82
Was Achtsamkeit nicht ist 83
Leben im Hier und Jetzt 84
Beobachten statt bewerten 88
Fitnesstraining für den Geist 89
Freundlichkeit und Nachsicht mit sich selbst 90
Bewusst zu leben, kann man üben! 92
    Der Flow-Zustand: Wenn Genuss und Produktivität Hand in Hand gehen .. 98

DAS LEBEN IST ZU KURZ FÜR IRGENDWANN **104**
Tu es jetzt, denn aus später wird meistens nie! **105**
Vernunft, Kontrolle und Absicherung sind nicht immer deine Freunde **108**
Garantiert motiviert! Was uns wirklich antreibt **113**

DAS GLÜCK IST IMMER MIT DEN MUTIGEN **118**
Was wäre das Leben, hätten wir nicht den Mut etwas zu riskieren? **118**
Vertrauen – Die Königsdisziplin auf dem Weg zum erfüllten Leben **125**

KRAFT TANKEN AN BESONDEREN ORTEN **138**
Ein magischer Kraftort für dich **139**
Wiederhole, was hilfreich ist! **141**
Rituale für deine Kraftroutine **142**

ÜBER DEN UMGANG MIT MENSCHEN **148**
Wie dein Umfeld dich beeinflusst **150**
Vier Psychotricks für starkes Auftreten und Durchsetzungskraft **157**

DIE NATUR ALS MENTORIN UND SEELENAPOTHEKE .. **170**
Hommage an die Kraft einer großen Heilerin **171**
Die Berge als Medizin: Psychotherapie to go **188**
Wie du dich mit der Natur verbindest **193**

HER MIT DEM SCHÖNEN LEBEN! **200**
Glücklich sein und Träume verwirklichen **201**
Stress und Burnout vorbeugen **203**
Gut auf sich selbst achten **204**
Halt finden und Wurzeln schlagen **206**

Alles, was du dir wünschst, befindet sich in deinem Herzen.
Alles, was du suchst, liegt in deinen Händen.
Alles, was du findest, ist Teil deines Lebens.
Mach dich auf die Reise zu dir selbst.
Erkenne die Kraft, die du besitzt.
Wenn du mit dir selbst eins bist,
werden deine Träume Wirklichkeit!

Autor unbekannt

> Wie dieses Buch dir dabei helfen wird, dein Leben zum Positiven zu verändern.

Liebe Leserin, lieber Leser!

Schön, dass du da bist! Du glaubst gar nicht, wie sehr ich mich freue, dass du in diesem Augenblick genau dieses Buch in deinen Händen hältst und diese Zeilen hier liest. Vielleicht weißt du es noch nicht, aber damit hast du schon ganz viel bewirkt. Du hast den ersten Schritt gemacht, um die Geschehnisse in deinem Leben (wie immer sie derzeit auch aussehen mögen) zum Positiven zu verändern und seelischen Ballast abzuwerfen – ja, ihn sogar in etwas Brauchbares und Nützliches zu verwandeln. Eine spannende Reise voller interessanter Erkenntnisse und aufschlussreicher Aha-Momente liegt vor dir. Gerne möchte ich dir erst mal ein wenig darüber erzählen, wie dieses Buch entstand und warum es mir so sehr am Herzen liegt, dir möglichst viel von meinem Wissen mit auf den Weg zu geben.

Ich habe aus genau zwei Gründen damit begonnen, meine persönlichen und beruflichen Erfahrungen niederzuschreiben: Zum einen möchte ich dir dabei helfen, deine ungesunden und wenig zielführenden Denkweisen, Glaubenssätze und Verhaltensmuster ausfindig zu machen, zu hinterfragen und sie in einem weiteren Schritt kraftvoll zu verändern. Ich möchte dir Anregungen geben, wie du kritische Überzeugungen und Einstellungen, die dich am Erreichen deiner Ziele hindern, ablegen und durch erfolgversprechendere Muster ersetzen kannst. Zum anderen möchte ich dich gerne teilhaben lassen an einer etwas unkonventionelleren und vor allem freieren Sicht auf das Leben und auf die Szenarien, die sich Tag für Tag darin abspielen.

Ich selbst habe in der Vergangenheit viele falsche Dinge geglaubt und viele ungesunde Gedanken gehabt. Die meisten von ihnen wirkten auf den ersten Blick unauffällig und äußerst konform mit dem, was uns die Gesellschaft so vorgibt. Bald jedoch stellte sich heraus, dass diese Gedanken und Glaubenssätze gar nicht meine Freunde waren. Getarnt unter dem Deckmantel der Vernunft, der Anpassung und der Vorsicht boykottierten sie regelmäßig meine guten (und gesunden!) Absichten und fügten meinem Wohlbefinden und letztendlich auch meiner Gesundheit großen Schaden zu.

Über viele Jahre hinweg behandelte ich mich selbst alles andere als achtsam und pflegte eine stiefmütterliche Beziehung zu meinem Innenleben. Ich lebte vorwiegend im Außen und meine Verbindung zu mir selbst war ziemlich schwach ausgeprägt. Alles, was mich damals beschäftigte, hatte in irgendeiner Form mit Erwartungen und den damit verbundenen hohen Anforderungen an mich selbst zu tun. Meine Gedanken kreisten permanent um Dinge, die ich zu erledigen hatte, Verpflichtungen, denen ich nachkommen sollte, und hochgesteckte Ziele, die ich unbedingt erreichen wollte. Meistens hatte ich dabei das Gefühl, dem schnellen Rhythmus, den das Leben vorgab, hinterherzuhinken und den Ansprüchen nicht gerecht werden zu können. Vielleicht fragst du dich jetzt, wessen Erwartungen es waren, die mich so sehr unter Druck setzten. Früher hätte ich mit großer Wahrscheinlichkeit gesagt, es seien die Erwartungen der anderen, von denen ich mich so schlecht lösen konnte. Heute weiß ich jedoch, dass es in erster Linie meine eigenen unersättlichen Erwartungen waren, an deren Erfüllung ich regelmäßig scheiterte (und verzweifelte!). Ich selbst hatte eine genaue Vorstellung davon, wie ich zu sein hätte und was ich alles erreichen müsste, um ins gesellschaftliche Bild zu passen, um akzeptiert, respektiert und angenommen zu werden. Allerdings lag ich mit so ziemlich allen meinen damaligen Annahmen falsch. Ich war der Meinung, dass meine Bemühungen irgendwann zum gewünschten Ziel oder wenigstens zu einem angenehmen Leben führen würden. Mein unbewusster Glaubenssatz lautete in etwa so: „Sobald ich die Prüfungen bestanden, den Traumjob ergattert, mir ein tolles Auto geleistet und mich selbst rundum optimiert habe, wird der ganze Stress endlich abfallen, und ich werde in seliger Ruhe und Zufriedenheit leben können."

Dass dieser Plan nicht aufging, wirst du dir schon gedacht haben. Stattdessen passierte genau das Gegenteil: Ich wurde krank. Mein Körper reagierte auf den mentalen Druck plötzlich mit starken Rückenschmerzen, die schon bald chronisch wurden. Allerdings konnten die Ärzte nichts finden, mein Rücken schien völlig in Ordnung zu sein. Man konnte sich nicht erklären, woher die Schmerzen kamen, die schon bald mein ganzes Leben bestimmten und mich in meinem Alltag massiv einschränkten. Eine wahre Odyssee begann. Ich suchte Privatärzt*innen, Physiotherapeut*innen, Osteopath*innen, Masseur*innen, Schmerztherapeut*innen, Fitnesstrainer*innen, Ernährungscoaches, Homöopath*innen und auch ein paar „Wunderheiler*innen" auf, die mit allen möglichen (und unmöglichen) Methoden versuchten, mich von meinem Leid zu befreien. Ich bekam eine Vielzahl (bestimmt gut gemeinter!) Behandlungsvorschläge: Krankengymnastik, Massagen, Taping, teure Sportgeräte, Bandagen, Cremes, Schmerzmittel, Globuli, Nahrungsergänzungsmittel, Injektionen usw. Die Liste ließe sich endlos fortführen. Doch alle Versuche, eine Schmerzlinderung zu erreichen, scheiterten oder waren nicht von Dauer. Das Schlimmste allerdings war, dass niemand wusste, was mit mir los war, und ich infolgedessen auch keine Prognose für die Zukunft erhielt. Ich hing völlig in der Luft. Oft hatte ich das Gefühl, nicht mehr ernst genommen zu werden. Die Expert*innen, die ich aufsuchte, versteiften sich entweder auf Zufallsbefunde oder schickten mich weiter.

Rückblickend steckte ich damals in einer unglaublich verzwickten Lage. Je mehr sich mein körperlicher Zustand verschlechterte, umso mehr Kraft musste ich aufwenden, um meine Aufgaben erledigen und den Anforderungen des Alltags gerecht werden zu können. Trotz der schwierigen Umstände wollte ich unbedingt am Ball bleiben. Also verdoppelte ich meine Bemühungen und verausgabte mich noch mehr, was dazu führte, dass mein Rücken immer häufiger komplett streikte und ich mich an manchen Tagen vor Schmerz kaum noch bewegen konnte. Niemals wäre ich in dieser Phase meines Lebens auf die Idee gekommen, dass meine eigenen Bedürfnisse, also das, was ich selbst wollte und brauchte, überhaupt irgendeine Berechtigung hätte, geschweige denn im Vordergrund stehen müsste. Niemals wäre mir damals eingefallen, einfach mal Nein zu sagen oder etwas unerledigt zu lassen. Zu lange schon steckte ich fest im ewigen Hamsterrad, bestehend aus der Erfüllung von Pflichten und der Anpassung an ein System, in dem Gesundheit und Wohlbefinden auf der Prioritätenliste ziemlich weit unten stehen.

Oft haderte ich mit dem Schicksal und mit der Frage, aus welchem Grund mein Körper mich tagein, tagaus so entsetzlich quälte. Heute kenne ich die Antwort: Weil er mich liebt und es gut mit mir meinte. Weil er mich auf den richtigen Weg zurückbringen wollte, als ich dabei war, mich gehörig zu verlaufen. Da ich jahrelang all die kleinen, sanften Signale übergangen war, nahm mein Körper seine Kraft zusammen und sandte mir ein Symptom, das ich nicht mehr ignorieren konnte. Dort, wo ich nicht hören wollte, lehrte er mich zu fühlen. Und genau das brachte schließlich die entscheidende Wende. Irgendwann waren meine letzten Kraftreserven aufgebraucht und ich konnte und wollte nicht mehr gegen die Schmerzen ankämpfen. Ich sah ein, dass ich krank war, und gab meinen inneren Widerstand auf. In den darauffolgenden Wochen und Monaten strukturierte ich meinen Alltag um und begann von nun

an, kleinere Brötchen zu backen. Eine wichtige Veränderung bestand darin, mein Arbeitspensum an mein Leistungsvermögen anzupassen. Vorher war es stets umgekehrt gewesen: Damals arbeitete ich jeden Tag meine To-do-Liste ab, ungeachtet der Tatsache, dass mir dabei regelmäßig alles über den Kopf wuchs. Nun aber passte ich sozusagen das Außen an das Innen an, anstatt dem Innen immer wieder eine viel zu schwere Last aufzubürden und es mit der Bewältigung derselben allein zu lassen. Langsam bekam ich wieder ein Gefühl für meine persönlichen Belastungsgrenzen und später auch für meine Bedürfnisse. Ja, meine Welt drehte sich nun etwas langsamer und bedächtiger, aber ich bekam insgesamt deutlich mehr vom Leben mit und fühlte mich lebendiger. Mehr als je zuvor hatte ich das Gefühl, meinen eigenen Weg zu gehen, und genoss diese neu gewonnene Freiheit. Ich gestaltete viele Aspekte meines Lebens nach meinen eigenen Vorstellungen und legte nicht mehr so viel Wert auf die Meinung anderer. Das tolle Gefühl, endlich in einen positiven Entwicklungsprozess eingestiegen zu sein, ermutigte mich, meine anvisierte Richtung weiterzuverfolgen.

Und als ich schon fast nicht mehr damit gerechnet hatte, geschah das Unerwartete: Meine Schmerzen ließen nach. Anfangs waren es einzelne Stunden, später ganze Tage und schließlich mehrere Wochen und Monate am Stück, in denen ich fast schmerzfrei war. Dieser Rückenschmerz, der mir einst so verhasst war, hatte sich als richtungsweisendes Element entpuppt. Er war sowohl mein Lehrer als auch mein Schutzengel und genau das ist er noch immer! Bin ich heute drauf und dran, im Stress zu versinken und meine innere Stimme zu vergessen, kann es durchaus sein, dass mein Rücken mich das spüren lässt. Er ist gewissermaßen mein körpereigenes Frühwarnsystem, das mich rechtzeitig darauf aufmerksam macht, wenn etwas nicht stimmt, und mich dazu anhält, einen Gang zurückzuschalten. Auf diese Weise hilft mein Körper mir dabei, besser auf mich und meine Gesundheit zu achten, und macht mir damit jeden Tag ein großes Geschenk.

So, jetzt kennst du die Geschichte. Vielleicht aber fragst du dich, was das alles mit dir und deinem Wunsch nach Zufriedenheit, Leichtigkeit und Glück zu tun hat. Nun, die Sache ist die: Natürlich müssen wir letzten Endes alle unsere eigenen Erfahrungen (und Fehler) machen und erhalten dadurch die Möglichkeit zu wachsen und uns weiterzuentwickeln. Glücklicherweise bedeutet das aber nicht, dass jeder das Rad ganz neu erfinden und auf wertvolle Hilfestellungen verzichten muss. In der Tat brauchen wir alle hin und wieder ein bisschen Unterstützung und die findest du in diesem Buch. Die hier behandelten Themen enthalten zahlreiche wertvolle Lektionen über Sinn und Unsinn von sozialen Normen und das Suchen und Finden des eigenen Weges. Es geht außerdem um die Chance, das Leben so zu nehmen, wie es ist, und trotzdem aus jedem Tag das Beste zu machen. Die Inhalte stützen sich sowohl auf wissenschaftliche Befunde als auch auf eigene Erkenntnisse und Erfahrungsberichte dritter Personen. Und weil ein Ratgeber, der ausschließlich Theorie enthält, eintönig, um nicht zu sagen langweilig wäre, findest du in jedem Kapitel konkrete Übungen, Anregungen und Gedankenexperimente, mit denen du das Gelernte direkt in die Tat umsetzen oder zumindest den Weg dafür ebnen kannst. Viele meiner Klient*innen und auch ich selbst arbeiten regelmäßig mit den Übungen, die du in diesem Buch findest. Natürlich musst du nicht alles, was du hier erfährst, genauso umsetzen. Betrachte jede Information und jede Anregung als Angebot, das du annehmen kannst oder auch nicht. Manches wird dein Interesse wecken, dich vielleicht sogar in den Bann ziehen und manches wird dich weniger ansprechen. An dieser Stelle gebe ich dir den Tipp, ganz auf dein Bauchgefühl und generell auf deine Wahrnehmung zu vertrauen. Sie erweisen dir große Dienste, indem sie aufzeigen, welches Thema dir gerade auf der Seele brennt und in diesem Moment bearbeitet werden möchte und was eventuell warten kann oder gerade weniger relevant ist. All das ist höchst individuell und es gibt kein Richtig oder Falsch! Auf diesem Weg möchte ich dich ermutigen, unabhängig davon, was andere denken und tun, endlich dein eigenes Ding zu machen und deine Zeit erfüllender zu gestalten. Es ist dein Leben! Du stehst auf der Bühne und du spielst die Hauptrolle in einem Theaterstück, das deine ganz persönliche Realität abbilden soll. Da ist es doch logisch, dass auch du den Job der Regieführung übernehmen darfst. Niemand sonst ist dafür besser geeignet, und niemand sonst kann dem Stück deines Lebens die Einzigartigkeit verleihen, die es verdient.

Es ist jetzt an der Zeit einzusteigen, dem Prozess zu vertrauen und die Reise zu genießen. Da ist viel Großartiges, das nur darauf wartet, von dir entdeckt zu werden. Ich wünsche dir viele inspirierende Momente!

DAS KREUZ MIT DEM GLÜCKLICHSEIN

Mensch, du hast es völlig falsch verstanden!

Das Streben nach Glück ist so alt wie die Menschheit selbst. Es ist die Triebfeder all unserer Schaffenskraft und die Quintessenz eines sinnerfüllten Daseins. Und obwohl die genaue Vorstellung vom guten Leben sowohl interkulturell als auch zwischenmenschlich stark variiert, haben wir alle eins gemeinsam. All unsere Bemühungen, alle Bestrebungen, die wir tagtäglich anstellen, lassen sich auf ein und dieselbe Sehnsucht zurückführen: Wir wollen Freude empfinden, uns wohlfühlen und genießen. Wir wollen, dass es uns gut geht und das Leben auskosten, anstatt nur zu existieren und zu funktionieren. Grundsätzlich sind das durchaus erstrebenswerte Ziele, wären da nicht die vielen Missverständnisse, die im Zusammenhang mit der Sehnsucht nach Glückseligkeit entstanden sind und uns leider viel zu oft an der erfolgreichen Umsetzung unserer Pläne hindern. Ich möchte an dieser Stelle den Versuch wagen, einige davon aufzudecken und etwas Licht ins Dunkel zu bringen.

Irrtum Nr. 1: Nur ein einziger Weg führt nach Rom
Werfen wir zunächst einen Blick auf unsere Gesellschaft und ihre Medienlandschaft. Wie greifen sie das Thema Glück auf? Wie geben sie es wieder? Welche Botschaften (und damit verbundene Handlungsaufforderungen) werden uns vermittelt? Es wird dich nicht überraschen, dass das Hauptaugenmerk hier ganz klar auf dem Konsum von Produkten und Dienstleistungen liegt. Die Werbung gaukelt uns also vor, wir könnten Glück einkaufen, es im Tausch gegen Geld bequem, jederzeit und überall erwerben. Und als wäre das nicht schon realitätsfern genug, wird noch eins draufgesetzt: Tagein, tagaus werden uns sehr präzise Bilder davon präsentiert, wie genau dieses Glück auszusehen hat. Wir sehen junge Familien, die lachend am Mittagstisch sitzen; Frauen, die

zufrieden vor sich hin summend den Haushalt schmeißen; attraktive, schlanke Menschen beim Sport; aufgeräumte Vorgärten; picobello geputzte Autos mit Sonderausstattung ... Du weißt, was ich meine. Nun, das ist erst mal nichts Neues. Allerdings kann die Dauerberieselung mit solch fragwürdigen Darstellungen überaus schädlich für unsere mentale Gesundheit sein, und zwar auch dann, wenn wir glauben, uns gedanklich davon abgrenzen zu können.

Fakt ist: Wir Menschen denken in Bildern, und alles, was wir sehen und hören, erzeugt entsprechende Bilder in unseren Köpfen. Wenn du möchtest, kannst du es direkt ausprobieren. Lehn dich zurück, schließ deine Augen und sag laut das Wort „Urlaub". Wiederhole es dreimal. Mit großer Wahrscheinlichkeit sind vor deinem inneren Auge keine geschriebenen Wörter entstanden, sondern Bilder. Was genau du gesehen hast, ist natürlich individuell und hängt von verschiedenen Faktoren ab. Du solltest allerdings wissen: Diese Bilder, die laufend in deinem Kopf entstehen, haben eine ungeheure Macht auf dein Denken und Fühlen. Sie beeinflussen dich auch dann, wenn du weißt, dass sie vielleicht nicht ganz der Realität entsprechen. Lass mich das anhand zweier Beispiele erklären:

Stell dir vor, du blätterst in einem Fitnessmagazin und siehst dort unglaublich attraktive Menschen mit perfekt definierten Körpern. Mit großem Interesse bewunderst du die Fotos und fragst dich, ob es überhaupt möglich ist, so makellos auszusehen. Nichtsdestotrotz üben die Bilder eine gewisse Faszination auf dich aus. Schließlich setzt sich ein Freund zu dir und es beginnt eine Diskussion. Er erklärt dir, dass diese Bilder diverse Bearbeitungsschritte durchlaufen haben, bevor sie abgedruckt und der breiten Öffentlichkeit zugänglich gemacht wurden. Mit der Realität habe das alles nicht mehr viel zu tun. Das leuchtet dir ein, und wenn du ehrlich bist, wusstest du schon vorher, warum die

Körper dieser Menschen nicht den kleinsten Makel aufweisen. Was aber bleibt, ist das Bild. Es hat sich in dein Gedächtnis gebrannt und flüstert dir immer wieder mit leiser, aber bestimmter Stimme zu, auch du könntest und solltest so sein. Zu wissen, dass es sich hier um eine Täuschung handelt, ist dabei nur sehr begrenzt hilfreich. Das Bild hat sich in deinem Unbewussten eingenistet und entfaltet dort ungehindert seine ausgesprochen kraftvolle Wirkung.

Ein ganz konkretes Beispiel dafür, dass wir die Macht der Bilder in unseren Köpfen nicht unterschätzen sollten, betrifft den britischen Schauspieler Ed Westwick. Dieser spielte fünf Jahre lang in der US-amerikanischen Jugendserie „Gossip Girl" die Rolle des intriganten, skrupellosen und zynischen Milliardärssohns Chuck Bass. In einem Interview klagte Westwick darüber, viele Menschen (auch Personen aus seinem direkten Umfeld!) würden ihm mittlerweile Attribute und Eigenheiten seiner Rolle zuschreiben. Ein Schicksal, das er mit vielen seiner Schauspielkollegen teilt. Obwohl rein rational gesehen jeder wissen müsste, dass es sich hier um eine Serie mit fiktiven Charakteren handelt, die mit den wahren Persönlichkeiten der Darsteller nichts zu tun haben, fällt es uns anscheinend doch schwer, diese Tatsache auf der emotionalen Ebene zu erfassen und zu verinnerlichen. Auch hier gehen die Bilder und nicht das rationale Faktenwissen als Sieger aus dem Rennen hervor.

BILDER sind pure Macht in deinem Kopf!

Zurück zur gängigen (und zweifelhaften!) Idealvorstellung eines glücklichen Lebens. Was das angeht, trichtern die Medien uns also erfolgreich ein, wie wir sein und was wir haben müssen, um ein zufriedenes Leben zu führen. Ihre Bilder verklickern uns glaubhaft, wir könnten jederzeit glücklich und voller Freude sein, wenn wir einen ganz bestimmten

Lebensstil verfolgen und die richtigen Produkte kaufen. Das bedeutet im Umkehrschluss: Unser Verstand weiß zwar, dass ein Lebenspartner, die Wunschfigur und das Traumauto keine Glücksgaranten sind, unser Gefühl auf einer anderen Ebene glaubt aber doch daran. Das Unbewusste hat die Bilder geschluckt und seine Schlüsse daraus gezogen.

Was bedeutet das für den Weg, den wir im Leben einschlagen? Nun, mit großer Wahrscheinlichkeit bedeutet es, dass wir alle einen ähnlichen Lebensentwurf verfolgen, da wir glauben, genau dieser Entwurf bringe uns das Glück. Angetrieben von dieser eklatanten Fehleinschätzung setzen und erreichen wir Ziele und wundern uns, warum wir dann nicht glücklich sind, warum noch immer etwas fehlt. Es bedeutet auch, dass wir uns mit anderen vergleichen und dabei meistens den Kürzeren ziehen. Diese verflixten „anderen" stehen fast immer im vermeintlich besseren Licht da und wir zweifeln und verzweifeln dabei nicht selten an uns selbst. Du merkst schon, hier läuft etwas gewaltig schief.

Erfreulicherweise habe ich, was das angeht, doch noch eine gute Nachricht: Auch wenn du – wie die meisten Menschen – von Kindesbeinen an gesellschaftlich und medial auf ein bestimmtes Muster getrimmt wurdest, hat genau dieses Muster absolut nichts mit dem zu tun, was du wirklich brauchst. Du kannst (und darfst) dir deine Welt der inneren Erfüllung selbst erschaffen! Du kannst die Regeln umschreiben und neu erfinden, was Glück für dich bedeutet. Das funktioniert allerdings nur, wenn du deine Werte kennst und dich traust, nach ihnen zu leben. Weißt du genau, was dich und deine Persönlichkeit ausmacht, öffnen sich dir viele interessante Türen. Du erkennst innere Prägungen, die nicht zu dir und deinem Lebenskonzept passen, und kannst in einem zweiten Schritt deine eigene Richtung einschlagen.

Um die Wirkung der Bilder und die damit verbundenen impliziten Botschaften im Alltag zu entkräften, solltest du darauf achten, wie viele und vor allem welche Informationen du aufnimmst. Wahrscheinlich

würdest du deinem Körper keine zehn Tafeln Schokolade am Tag zumuten. Genauso fürsorglich solltest du ab jetzt deinen Geist behandeln. Wähle Informationsquellen mit Sorgfalt aus! Das gilt nicht nur für Inputs aus den Medien, sondern auch für Inhalte, die andere Menschen mit dir teilen. Hinterfrage öfter mal ganz bewusst, welche Gesprächsthemen du mit Personen aus deinem näheren Umfeld hast und welche Wirkung diese Leute – mit ihren Meinungen und Einstellungen – auf dich haben. Nur so kannst du Hilfreiches von weniger Hilfreichem unterscheiden und deine Seele entlasten. Mehr dazu findest du im Kapitel „Über den Umgang mit Menschen" (siehe S. 148).

Ach ja, noch was zum Thema Werbung: Was uns wirklich glücklich macht, ist höchst persönlich und oft auch etwas komplex. Eins kann ich dir allerdings versichern: Konsum ist es nicht! Konsum beschert dir bestenfalls ein kurzes Stimmungshoch, das mit dem Auspacken deiner

Bestellung aus dem Internet bereits ein jähes Ende findet. Dann ist die Leere wieder da. Es entsteht ein Prozess, der süchtig machen kann, und so brauchst du schon bald den nächsten „Schuss", um dich wieder ein Weilchen gut zu fühlen. Das ist ein Teufelskreis, der niemals in eine positive Richtung führen kann. Diese Schlussfolgerung lässt sich übrigens auf alle Versuche anwenden, die wir unternehmen, um Glücksgefühle (oder Bestätigung der eigenen Person sowie Trost in schweren Zeiten) im Außen zu generieren. Sei es Shopping, Essen, Genussmittel wie Alkohol und Tabak, Arbeit oder gar Sex: All das beschert uns zwar ein paar flüchtige Momente der Erfüllung, macht uns aber langfristig nicht zufriedener.

Irrtum Nr. 2: Nur, wenn es dir gut geht, gehörst du dazu

Kommen wir zum zweiten Denkfehler, der uns in unseren Bestrebungen nach einem guten Leben so manches Mal ein Bein stellt: Nur wer ausgeglichen und gut drauf ist, entspricht der sozialen Norm und erhält seinen wohlverdienten Platz in der Gesellschaft. Als ob es nicht genug wäre, dass wir uns unentwegt im Hinblick auf unser Einkommen, unsere Besitztümer, unser Aussehen und unsere Fähigkeiten messen, sollten wir nun auch noch (für alle erkennbar!) glücklich sein, um in die Gemeinschaft zu passen. Kaum etwas wollen wir so sehr zeigen und nach außen tragen wie unser Glück. Das dürfen wir natürlich gerne tun! Wir sollten uns dabei aber über unsere wahren Motive im Klaren sein. Verkünden wir der Welt, wie gut es uns geht, steckt dahinter die indirekte Botschaft, dass wir etwas geschafft oder erreicht haben. Das ist an sich völlig in Ordnung. Problematisch wird es, sobald das Leben nicht in geordneten Bahnen verläuft. Was zeigen wir der Welt, wenn wir uns – aus welchen Gründen auch immer – mal nicht so gut fühlen? Wenn alles schief läuft? Ganz nach dem Motto „Fake

Unzufriedenheit, Kummer und Schmerz sind in unserer Gesellschaft nicht salonfähig.

it, until you make it!" vertrauen wir uns vielleicht unseren engsten Angehörigen an, lassen uns abgesehen davon aber nicht viel anmerken und treten die Sache schon gar nicht im großen Stil breit. Dafür schämen wir uns zu sehr und haben Angst vor öffentlicher Bloßstellung und Demütigung. Sich als unglücklich zu „outen", hat nämlich den bitteren Beigeschmack des Versagens und der Schwäche. Wer nicht glücklich ist, so meinen wir, fliegt raus aus dem Kreis der Erfolgreichen und Selbstbewussten. Und weil wir das glauben, verstellen wir uns.

Im Klartext bedeutet das: Unzufriedenheit, Kummer und Schmerz sind in unserer Gesellschaft nicht salonfähig. Noch immer wird uns eingetrichtert, dass wir damit hinterm Berg halten müssen, wenn wir als bodenständige und stabile Menschen wahrgenommen werden wollen. Warum antworten die meisten Leute auf die Frage, wie es ihnen gehe, automatisch bzw. gewohnheitsmäßig mit „gut" oder einer ähnlichen nichtssagenden Floskel? Ein Grund besteht sicherlich in der Annahme, dass im Allgemeinen keine andere Antwort erwartet wird und möglicherweise auch gar nicht erwünscht ist. Auch mir ist das schon passiert. In meiner Familie gab es in den letzten Jahren mehrere unerwartete Todesfälle, was für uns Angehörige sowohl dramatisch als auch belastend war. Oft kamen Menschen auf mich zu und fragten mich, wie es mir denn gehe. Mehrmals ertappte ich mich dabei, wie ich meine Gedanken sortierte und mein Kopf eine sozial erwünschte Antwort formulierte, die ungefähr so lautete: „Na ja, es geht schon. Muss ja irgendwie weitergehen, nicht wahr?" Natürlich spiegelte diese Aussage in keinster Weise wider, wie es mir damals wirklich ging. Hätte ich die unverfälschte Wahrheit gesagt, hätte die in etwa so geklungen: „Ich bin traurig und wütend, vor allen Dingen aber bin ich ratlos. Ich weiß nicht, warum das alles passieren musste und wie es weitergehen soll. Es geht mir ganz und gar nicht gut."

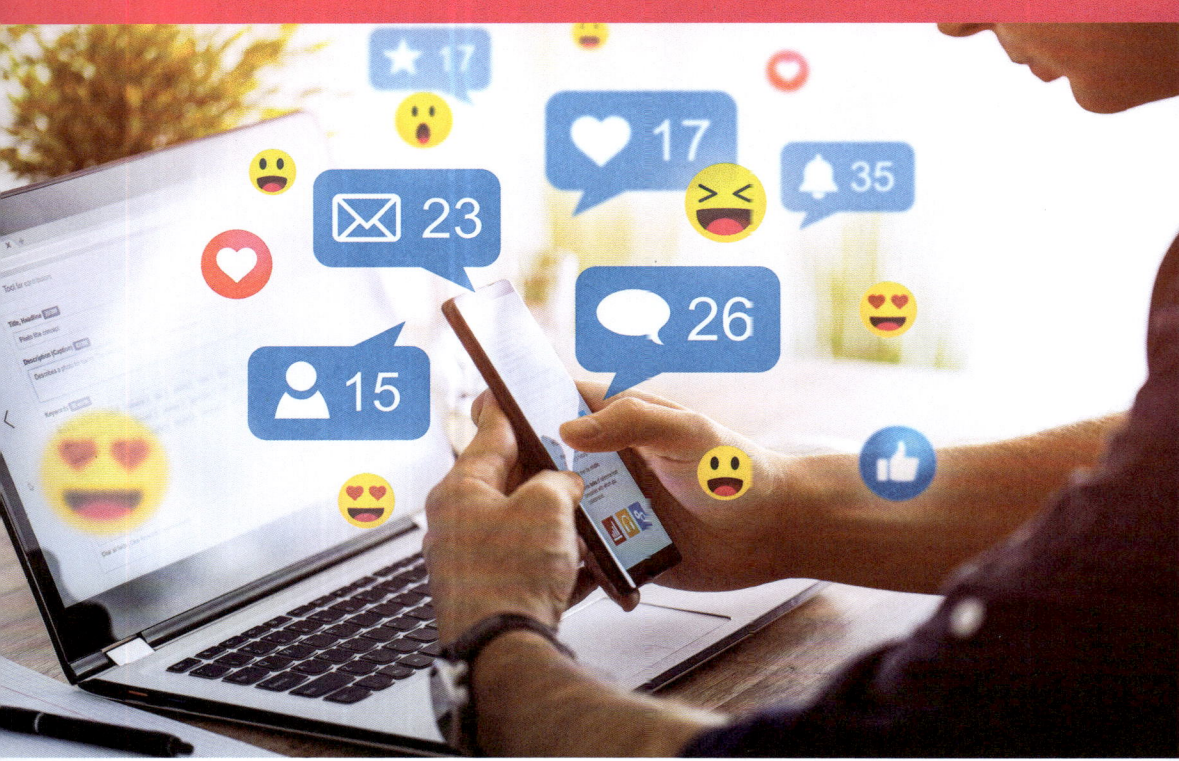

Warum trauen wir uns nicht zu sagen, was wirklich und wahrhaftig in uns vorgeht? Vermutlich hat es damit zu tun, dass wir uns dann öffnen und mehr von unserem Innenleben preisgeben müssten, als wir es für gewöhnlich tun. Wir würden anfangen, uns in all unseren Facetten zu zeigen und Menschen nicht nur näher an uns heranzulassen, sondern sie enger und aufrichtiger in die Aufs und Abs unserer Lebensthemen einzubinden. Diese offene Haltung geht allerdings mit dem Risiko einher, auch mal unerwünschte, um nicht zu sagen negative Reaktionen zu bekommen. Und genau davor haben wir eine Heidenangst.

So wahren wir also lieber die Fassade, führen nach außen hin ein tolles Leben und trauen uns nur selten zu offenbaren, wie es hinter verschlossenen Türen und in unserem Inneren wirklich aussieht. Ihren glorreichen Höhepunkt findet diese Entwicklung in den sozialen Netzwerken. Wenn man bei Facebook, Instagram und Co. durch den

Newsfeed scrollt, möchte man meinen, die Welt sei voller überglücklicher Menschen, die jeden Tag so leben, als wäre es ihr Letzter. Von schlechter Laune, Streitigkeiten und Problemen sieht oder liest man dort nichts. Es mangelt uns ganz offensichtlich an Authentizität. Ausgerechnet die viel gepriesene Unverfälschtheit, die als Fundament für Erfolg und Wohlbefinden gilt, kommt uns im Zuge des kollektiven Selbstdarstellungswahns langsam, aber sicher immer mehr abhanden.

Besonders an Stichtagen, wie dem eigenen Geburtstag oder wenn der Jahreswechsel bevorsteht, neigen wir dazu, uns gegenseitig übertriebene Glückwünsche auszusprechen und unsere Situation besser darzustellen, als sie tatsächlich ist. So erhielt ich vor einiger Zeit Neujahrsgrüße von einem Bekannten. Er schrieb, er hätte ein äußerst schwieriges Jahr hinter sich gebracht und sei mental ziemlich angeschlagen. Ein paar Tage später postete er eine Collage mit Bildern seiner „Jahreshighlights". Darin bezeichnete er die vergangenen zwölf Monate als „großartig". Diese offenkundige Diskrepanz zwischen dem, was jemand zur Schau stellt, und dem, was wirklich ist, haben wir wohl alle schon einmal erlebt oder vielleicht sogar selbst so betrieben. Dabei ist die ganze vermeintliche Anerkennung, die wir in den sozialen Netzwerken durch Likes und lobende Kommentare, im realen Leben durch Komplimente und bewundernde (oder neidische) Blicke einheimsen, nicht nur oberflächlich, sondern vor allem auch eins: flüchtig! Ähnlich wie beim Konsum von materiellen Gütern kratzt auch die wohltuende Bestätigung, die wir uns durch gezielte Selbstdarstellung hart erkämpfen, nur an der Oberfläche unserer Seele und erreicht unser Innerstes nicht mal annähernd. Im Internet kursiert schon länger folgendes Zitat, das die Sache meines Erachtens bestens auf den Punkt bringt: „Berühmt sein auf Facebook ist in etwa dasselbe wie reich sein bei Monopoly."

Darüber hinaus stellt sich die Frage, wie wir jemals tiefe Gefühle der Zufriedenheit entwickeln sollen, wenn wir uns nicht so zeigen, wie

wir wirklich sind. Wie kann das gehen, solange wir immer nur Bruchstücke von uns preisgeben und selbst diese noch aufgemöbelt und ins rechte Licht gerückt werden, bevor wir sie anderen präsentieren?

Ich möchte nicht lange um den heißen Brei herumreden: Was unsere Gesellschaft braucht, sind Menschen, die vorausgehen! Wir benötigen Menschen, die sich trauen, neue Wege einzuschlagen und auch mal gegen den Strom zu schwimmen, weil weniger Schein und mehr Sein uns allen guttun würde. Du kannst einer von diesen Menschen sein, wenn du dich ganz bewusst dafür entscheidest. Jeder Einzelne kann etwas bewirken, wenn er nur daran glaubt! Es ist immer besser, auch nur ein kleines Licht anzuzünden, als über die Dunkelheit zu schimpfen. Irgendjemand muss immer den ersten Schritt machen und warum solltest dieser Jemand nicht du sein? Anregungen für mehr Authentizität im Alltag und das Vertreten deiner Werte findest du in den nachfolgenden Kapiteln.

Irrtum Nr. 3: Beständiges Glück ist der Normalzustand und sollte angestrebt werden

Eng verwandt mit dem Trugschluss, dass zur Schau gestelltes Glück uns Zugehörigkeit und Akzeptanz vonseiten der Gesellschaft garantiert, ist ein weiteres, gleichermaßen kurioses wie zweifelhaftes Denkmuster. Ich spreche von der weit verbreiteten Annahme, immerwährende Hochgefühle seien die Norm und wir würden von dieser Norm abweichen, wenn wir uns gelegentlich schlecht fühlen. Natürlich erkennt man auch hier wieder den Einfluss der Medien, die uns nonstop mit entsprechenden Bildern versorgen. Wir meinen, dass es uns immer und überall gut gehen muss, sollte oder zumindest kann, wenn wir es nur wollen.

Dieses ewige Streben nach dem vollkommenen Glück hat seinen Ursprung unter anderem in den fundamental hohen Erwartungen, die wir (aufgestachelt durch Werbung und Gesellschaft) entwickelt haben. Ich denke dabei an das Weihnachtsfest. Warum enden die Feiertage so oft im Streit? Ein Grund dafür ist sicherlich: Die Erwartungen an diesen Tag sind extrem hochgesteckt. Das erzeugt Druck, und wir fühlen uns genötigt, den Vorstellungen gerecht werden zu müssen. Dadurch wiederum entsteht Anspannung, die sich schlussendlich in Konflikten und Streit entlädt. Ein Barbesitzer erzählte mir einmal, dass jedes Jahr viele Menschen den Heiligen Abend in seinem Lokal verbringen, die sonst nie dorthin kommen. Die meisten von ihnen bleiben bis zur Sperrstunde und treten den Heimweg in alkoholisiertem Zustand an. Warum aber suchen diese Menschen ausgerechnet an diesem Tag eine Bar auf, obwohl man sie dort das ganze Jahr über niemals zu Gesicht bekommt? Man könnte glauben, sie wollten bloß der Einsamkeit entfliehen, was vermutlich auch stimmt. Doch da ist noch etwas anderes: Weihnachten ist ein hochemotional aufgeladenes Fest. Viele spüren

*Niemand ist **IMMER** glücklich.*

den latenten Druck und die Erwartung, dass es etwas ganz Besonderes sein muss. Wird diese Vorgabe nicht erfüllt oder kann sie nicht erfüllt werden, sind wir nicht selten enttäuscht, frustriert, verletzt und fühlen uns allein. Genauso verhält es sich auch mit den Ansprüchen, die wir an uns selbst stellen, wenn es ums Glücklichsein geht.

Vollumfängliches Wohlbefinden zu jeder Zeit ist nichts weiter als ein Irrglaube. Die Realität sieht völlig anders aus. In Wirklichkeit sind Gefühle immer im Wandel. Sie verändern sich permanent, von Minute zu Minute, von Stunde zu Stunde, von Tag zu Tag. Dieser Prozess ist ganz normal und geschieht oft, ohne dass wir es überhaupt bemerken. Am Beispiel eines alltäglichen Vormittags, lässt sich dieser Wandel demonstrieren:

Dein Wecker klingelt und du drehst dich verschlafen im Bett um. Viel zu früh! Kurz fühlst du dich überfordert von der Vorstellung, jetzt aufstehen und den vielen Anforderungen, die der Tag mit sich bringen wird, nachkommen zu müssen. Nach dem Frühstück geht es dir besser, und du bist bereit, deine Pflichten in Angriff zu nehmen. Als du mit dem Auto auf dem Weg zur Arbeit bist, nimmt ein Lkw dir plötzlich die Vorfahrt und du musst scharf abbremsen. Du spürst den Schrecken in deinen Gliedern und gleichzeitig einen Anflug von Ärger in dir aufsteigen. Zum Glück ist nichts weiter passiert, du beruhigst dich schnell und vergisst den Vorfall wieder. Der Vormittag verläuft in ruhigen Bahnen. Du hast mit einem sympathischen Kollegen zu tun, der dich mit seinen Witzen zum Lachen bringt. Allerdings bist du heute etwas in Verzug und mit jedem Blick auf die Uhr gehst du im Kopf die noch zu erledigenden Aufgaben durch. Das macht dich unruhig, und als du feststellst, dass du heute nicht mehr alles schaffen wirst, bist du genervt. Du beschließt, erst mal tief durchzuatmen und dich trotzdem auf das Mittagessen zu freuen. Während deiner Pause gehst du nach draußen und genießt das tolle Wetter und die angenehmen Temperaturen. Dein Stresspegel sinkt, und obwohl du etwas müde bist, fühlst du dich deinen Verpflichtungen wieder gut gewachsen.

Du siehst, dass es schon allein aufgrund der Beschaffenheit unserer Gefühlswelt, gar nicht möglich wäre, ausnahmslos gut drauf zu sein. Nicht umsonst hat die Natur uns mit einem breiten Spektrum an Gefühlen ausgestattet. Jede einzelne Emotion ist richtig, wichtig und erfüllt ihren Zweck. Alle Bemühungen, negative Gefühle zu bekämpfen oder zu verdrängen, sind unnötig und sinnlos. Der erste wichtige Schritt zu mehr Leichtigkeit und einem besseren Lebensgefühl ist das bewusste Akzeptieren der aktuellen (inneren und äußeren) Situation und das Durchleben der damit verbundenen Gefühle.

Tun wir das nicht, gleichen wir einem Maler, der eine große Palette verschiedener Farben besitzt, aber mit Absicht (oder aus Angst und Anpassungsdruck?) immer nur die hellen Farben benutzt. Es könnte sein, dass die von ihm geschaffenen Werke mit der Zeit etwas eintönig wirken, weil seine Farbauswahl nicht das ganze Spektrum abdeckt. Ähnlich wie wir den Sonnenschein nicht mehr gebührend wertschätzen würden, hätten wir ihn ausnahmslos jeden Tag, so wären auch die guten Momente voller Freude nichts Besonderes mehr, wenn unser Dasein nur aus ihnen bestünde. Wir brauchen also die dunklen Farben, den Regen und das Gewitter, ebenso wie Zeiten, in denen wir nicht ganz in unserer Kraft sind. Nur so erlangen die Sternstunden unseres Lebens die bunte Intensität, die wir uns wünschen, um noch lange danach von ihnen zehren zu können.

TOXIC POSITIVITY: EIN GEFÄHRLICHER TREND

Konzepte, die sich mit positivem Denken und den damit verbundenen Vorteilen im Leben auseinandersetzen, gibt es wie Sand am Meer. Dagegen ist erst mal nichts einzuwenden, denn die Wirkung ist wissenschaftlich belegt: Realistischer Optimismus (mehr dazu im Kapitel „Die Wahrheit über Stress und Burnout"; S. 34). hilft uns nachweislich bei der Bewältigung von Stress- und Krisensituationen und ist eine der sieben Säulen, aus denen sich Resilienz (psychische Widerstandskraft) zusammensetzt. Eine optimistische Haltung trägt maßgeblich zu unserer körperlichen und mentalen Gesundheit bei.
Daraus hat sich jedoch allmählich ein zweifelhafter Trend entwickelt, der am Grundgedanken einer positiven Einstellung vorbeiagiert und durchaus auch gefährlich sein kann: „Toxic Positivity", was auf Deutsch so viel wie toxische (giftige) Positivität bedeutet. Dahinter steckt die Annahme, positives Denken sei ein Allheilmittel gegen Probleme jeder Art, und Emotionen, die wir allgemein als negativ empfinden (z. B. Ärger, Traurigkeit, Frust), müssten sofort korrigiert und umgewandelt werden. Dass auch die negativen Emotionen ein berechtigter Teil unseres Gefühlsspektrums sind, wird dabei nicht berücksichtigt.
Kennst du das, wenn man am nächsten Tag früh aufstehen muss oder etwas besonders Wichtiges vorhat, und sich deshalb vornimmt, zeitig ins Bett zu gehen? Nun, wenn du diese Situation kennst, dann weißt du, dass unter Druck einzuschlafen so gut wie unmöglich ist. Genauso wenig können wir auf Kommando glücklich sein, nur weil wir es uns einreden.
Ich habe hier einige beispielhafte Aussagen für toxische Positivität auf der einen und gesundes, positives Denken auf der anderen Seite zusammengetragen:

Toxische Positivität	Gesundes positives Denken
Es gibt keine Probleme, es gibt nur Chancen und Lösungen!	Es ist nicht immer alles gut. Oft zeigt sich erst im Nachhinein, dass eine schlimme Situation auch Vorteile hatte. Du kannst versuchen, darauf zu vertrauen.
Anderen Menschen geht es noch viel schlechter. Du solltest dich zusammenreißen!	Deine Lage ist gerade wirklich schwierig. Welche Möglichkeiten hast du, dich zu stärken oder dir Hilfe zu holen?
Aufgeben kommt nicht infrage!	Du selbst spürst am besten, ob und wann es Zeit ist sich umzuorientieren. Etwas Neues zu beginnen, kann auch Wachstum und Weiterentwicklung bedeuten.
Jammern hilft dir jetzt auch nicht. Kopf hoch und weiter geht's! Nur nicht lockerlassen.	Es ist auch okay, sich manchmal schlecht zu fühlen. Gib dir ausreichend Zeit, das Geschehene zu verarbeiten. Dann kannst du in deine Kraft zurückfinden.
Sei nicht so negativ. Du musst immer das Positive sehen.	Nicht immer ist man imstande, sich nur auf das Positive zu fokussieren. Vielleicht kannst du überlegen, welche Ressourcen und Potenziale dir in solchen Situationen früher geholfen haben.
Wenn es dir schlecht geht, bist du selbst daran schuld. Alles ist eine Frage der Einstellung!	Manchmal legt uns das Leben Steine in den Weg, und es ist schwer, das Licht in der Dunkelheit zu finden. Auch das ist in Ordnung. Es wird wieder bergauf gehen.

All die Phrasen auf der linken Seite haben gemeinsam, dass sie Schwierigkeiten verharmlosen oder gar leugnen, komplizierte Sachverhalte auf unangemessene Art vereinfachen und Emotionen in „gut" oder „schlecht" einteilen und somit bewerten. Dieser Haltung zum Leben fehlt es sowohl an Tiefgang als auch an Reflexion. Sie schert unterschiedliche Problemkonstellationen über einen Kamm, indem sie sich weder mit dem Ursprung noch mit dem Kern von Hindernissen auseinandersetzt. Somit kratzen die Lösungsversuche (wenn man diese Plattitüden überhaupt als solche bezeichnen kann) immer nur an der Oberfläche und stellen keine wirkliche Hilfestellung dar. Sogar das Gegenteil ist der Fall: Wird Schmerz verdrängt oder schöngeredet, merkt dieser verletzte Teil in uns, dass wir ihn nicht beachten und schon gar nicht ernst nehmen. Das bedeutet, wir bleiben auf unserem miesen Gefühl sitzen, weil keine echte Verarbeitung stattfindet. Mit großer Wahrscheinlichkeit haben wir dann länger an einem Problem zu knabbern, als wenn wir es in all seinen Facetten akzeptiert und somit zur Bearbeitung freigegeben hätten.

Was aber bringt Menschen dazu, derlei ungünstige Ansichten zu entwickeln? Zunächst ist es das angenehme Gefühl, die absolute Kontrolle zu haben. Reden wir uns ein, alles Leid dieser Welt könne einfach beseitigt werden, indem wir anders darüber denken, fühlen wir uns vermutlich sicherer als bei dem Gedanken, dass es auch Geschehnisse gibt, die sich unserem Einfluss entziehen. An der Oberfläche zu bleiben und Problemen nicht auf den Grund zu gehen, bedeutet zudem, niemals Bekanntschaft mit den tieferen Schichten (und Verletzungen) unserer Seele zu machen. Auch hier harren wir lieber auf der sicheren Seite aus. Auf keinen Fall wollen wir das Risiko eingehen, im Zuge unserer „Ermittlungen" irgendwo einen alten Schmerz auszugraben, mit dem wir uns dann auseinandersetzen müssten.

Ein weiterer Nährboden für toxische Positivität ist neben der Abneigung, sich intensiver mit den eigenen Themen zu beschäftigen, auch das Unbehagen, das viele schlagartig überfällt, wenn sie mit dem Leid anderer konfrontiert werden. Sie haben Angst, etwas Falsches zu sagen, fühlen sich hilflos, wollen sich nicht einmischen oder haben schlichtweg keine Lust, sich mit den Problemen und dem Gemütszustand ihrer Mitmenschen auseinanderzusetzen. Was könnte in so einer Situation hilfreicher (und einfacher) sein, als dem Gegenüber ein paar Worthülsen à la „Du schaffst das schon!" um die Ohren zu hauen? Solche Hinweise sind zwar oft gut gemeint, erweisen sich für den Ratsuchenden aber als unbrauchbar.

Schließlich und endlich geht es auf gesellschaftlicher Ebene sicherlich auch darum, dass das System uns sozusagen „bei der Stange halten" will. Solange wir glauben, alles liege an uns und unserer Einstellung, stellen wir ungesunde gesellschaftliche Muster und Strukturen weniger infrage. Wer der Meinung ist, dass jede Schwierigkeit unmittelbar im Kopf umgedeutet und somit leicht gemacht werden kann, verharrt länger in einem krank machenden System, weil er dessen negativen Einfluss auf das eigene Wohlbefinden unterschätzt.

Das Gegenstück zur toxischen Form von Positivität ist eine realistisch optimistische Sichtweise auf das Leben. Du wirst in diesem Buch noch viel darüber erfahren, warum ein kleines Quäntchen Optimismus wichtig für dich ist und wie du dein optimistisches Denken fördern kannst.

Über unsere Hassliebe zum hektischen Leben

Kaum ein Phänomen prägt unsere Zeit so sehr wie unser kollektives Leiden an Stress und Überforderung. Die meisten Leute müssen lange überlegen, bis ihnen jemand einfällt, der keinen Stress hat. Irgendwie und auf irgendeine Weise betrifft uns das Thema anscheinend alle. Man möchte meinen, dass Stress allgemein einen ganz eindeutigen Ruf hat, und zwar einen schlechten. Wir wissen um die unangenehmen, bisweilen sogar gesundheitsschädlichen Auswirkungen einer stressigen Lebensweise bestens Bescheid. Auf der anderen Seite ist Stress inzwischen aber auch zu einer Art Modeerscheinung geworden. Er gehört zum guten Stil, und das lässt uns glauben, wir bräuchten ihn, um uns selbst und anderen zu zeigen, dass wir auch ordentlich etwas leisten. Schon oft habe ich mit meinen Klient*innen hitzige Diskussionen darüber geführt. Für viele liegt es außerhalb jeglicher Vorstellungskraft, dass jemand einen guten Job machen, seinen Pflichten nachkommen und dabei locker und gelassen sein kann. Wer Erfolg haben will, so die gängige Auffassung, fällt nach einem langen, intensiven Arbeitstag todmüde ins Bett. Ansonsten läuft etwas falsch oder der Erfolg bleibt eben aus. Wir haben die äußerst problematische Überzeugung verinnerlicht, etwas müsse immer schwer, anstrengend und mühevoll sein, wenn es gut werden soll.

Auch die Tatsache, dass extra der modern klingende Begriff „Burnout" geprägt werden musste, um Erschöpfungszustände und überlastungsbedingte Depressionen bei fleißigen und hart arbeitenden Menschen zu umschreiben, stützt die Aussage, Stress sei mittlerweile zu einem Statussymbol geworden. Sich ausgelaugt zu fühlen, ist also nicht unbedingt angenehm, aber immerhin gesellschaftsfähig. Wer ausgebrannt ist, muss vorher gebrannt – das heißt viel geleistet – haben! Mal ehrlich: Wer würde denn offen zugeben, dass er gerade nichts zu tun hat oder sich einfach mal ganz entspannt durch den Alltag treiben lässt? Als unproduktiv oder gar faul zu gelten, gleicht im 21. Jahrhundert einer Todsünde. Wir scheuen dieses Image wie der Teufel das Weihwasser. Vielleicht hast du schon gemerkt: Wir haben es hier mit einer ähnlichen Entwicklung wie beim Thema Glücklichsein zu tun. Passend dazu bezeichnet der medizinische Fachbuchautor Dr. German Quernheim das Burnout-Syndrom als die „gesellschaftlich akzeptierte Edel-Variante" der depressiven Verstimmung und des Ausgelaugtseins. Folgendes wird uns suggeriert: Depression trifft die Schwachen, Burnout haben die Fleißigen. Auch die Erklärungsmodelle unterscheiden sich: Während bei einer Depression die Symptome im Vordergrund stehen (Beispiel: Der Patient fühlt sich schwach und kommt morgens nicht aus dem Bett), geht es beim Burnout eher darum, woher die Beschwerden kommen bzw. welche Ursachen sie haben (Beispiel: Der Patient hat sich in seinem Job so sehr verausgabt, dass er keine Kraft mehr hat).

Dieses Hochhalten und Idealisieren der Erschöpfung und Überlastung als ein Beweis dafür, wie einsatzbereit jemand ist, treibt bisweilen seltsame Blüten. Ein Burnout im Lebenslauf gehört in gewissen beruflichen Sparten schon fast zum guten Ton und macht eine vollwertige Führungskraft erst aus. Ist es wirklich so weit gekommen, dass Ausgebranntsein zu einer Referenz für die Bewerbungsunterlagen geworden ist? Nun, diese Behauptung schießt etwas übers Ziel hinaus, aber ein Körnchen Wahrheit enthält sie dann doch. Einer Person, die aufgrund eines Burnouts in Behandlung war, wird immerhin zugeschrieben, dass sie sich bemüht, ihre Arbeit mit Fleiß und Ausdauer zu erledigen, und dabei auch bereit ist, persönliche Belastungsgrenzen zu überschreiten. Solange ihr Gemütszustand nicht kippt, geht man davon aus, es mit einer verantwortungsvollen und gewissenhaften Arbeitskraft zu tun zu haben.

STRESS ist heute auch ein Statussymbol.

Das wissen auch die Personalverantwortlichen. Hier stehen wir also ganz klar einem Interessenkonflikt gegenüber. Einerseits liegt uns nicht unbedingt etwas daran, zum Kreis der chronisch Stressgeplagten zu gehören, andererseits fällt es uns aber genauso schwer, auf diesen Teil gesellschaftlicher Identität zu verzichten und somit von der sozialen Norm abzuweichen. Sich dieses innere Dilemma bewusst zu machen, ist unbedingt notwendig, um künftig freiere und vor allem eigenständige Entscheidungen treffen zu können.

Vielleicht findest auch du dich in der nachfolgenden Geschichte aus dem Zen-Buddhismus wieder. Ist das der Fall, solltest du unbedingt das nächste Kapitel lesen. Darin erkläre ich, wie und warum Stress und Arbeit unbemerkt einen regelrechten Suchtcharakter entwickeln können.

Eines Tages fragte ein Schüler seinen Meister, wie er es denn schaffte, trotz seiner vielen Beschäftigungen, ein so entspanntes und zufriedenes Leben zu führen.

Da sagte der Meister: „Wenn ich stehe, dann stehe ich. Wenn ich gehe, dann gehe ich. Wenn ich sitze, dann sitze ich. Wenn ich esse, dann esse ich, und wenn ich schlafe, dann schlafe ich."

Darauf antwortete der Schüler: „Na gut, aber was machst du darüber hinaus?"

Wiederum antwortete der Meister: „Wenn ich stehe, dann stehe ich. Wenn ich gehe, dann gehe ich. Wenn ich sitze, dann sitze ich. Wenn ich esse, dann esse ich, und wenn ich schlafe, dann schlafe ich."

Da rief der Schüler erstaunt: „Aber genau das mache ich doch auch!"

Da erwiderte der Meister: „Nein. Wenn du sitzt, dann stehst du schon. Wenn du stehst, dann gehst du schon, und wenn du gehst, bist du bereits am Ziel."

Bist du süchtig nach Stress?

Ist es nicht erstaunlich, dass so viele Menschen unentwegt versuchen, der Stressfalle zu entkommen, aber nur wenige es auf lange Sicht schaffen, ihre Work-Life-Balance in den Griff zu kriegen? Eine interessante und höchst aktuelle Frage. Beim Versuch, sie zu beantworten, stellte ich Folgendes fest: Zur Komponente der sozialen Erwünschtheit, die uns dazu bringen kann, im Hamsterrad zu verharren, gesellt sich ein körperlicher Vorgang, der dem einer Sucht gleicht. Ja, du hast richtig gehört: Stress kann süchtig machen! Unser Gehirn bevorzugt das, was es schon kennt, und wenn der Stressmodus zum Dauerzustand wird, tritt irgendwann ein Gewöhnungseffekt ein. Unser Körper verlangt dabei immer wieder nach dem Kick, der in diesem Fall aus Situationen besteht, die uns intensiv beanspruchen. Kein Wunder, dass ein Zustand tiefer Entspannung, sosehr wir ihn uns auch wünschen, dann schwierig bis unmöglich zu erreichen ist. Der Stresssucht zu frönen, kann allerdings auch (vermeintliche) Vorteile mit sich bringen. Wer sich Hals über Kopf in blinden Aktionismus stürzt, hat keine oder wenig Zeit, über Probleme nachzudenken oder sich mit sich selbst zu beschäftigen. Es fällt leichter, negative Gedanken und Ängste zu verdrängen oder gar nicht erst an sich heranzulassen, wenn man kontinuierlich beschäftigt ist. Tatsächlich ist diese Form der Abhängigkeit von Arbeit und Stress sehr weit verbreitet, von der Gesellschaft höchst anerkannt und betrifft auch Menschen, die nicht berufstätig sind. Während beispielsweise die Sucht nach Alkohol, Drogen und Zigaretten allgemein verpönt und durchwegs negativ konnotiert ist, wird die Arbeits- und Stresssucht (die zu den stoffungebundenen Süchten gehört) im besten Fall verharmlost und im schlimmsten Fall idealisiert. Das macht es in der Regel schwerer, das Problem zu erkennen und die Motivation aufzubringen, es zu lösen oder zumindest daran zu arbeiten.

> **STRESS-SUCHT** wird im besten Fall verharmlost und im schlimmsten Fall idealisiert.

Ein besonders prägnantes Beispiel für Stresssucht und wie sie völlig unvermittelt die Oberhand gewinnen kann, liefert die Erzählung einer Freundin, die den Auftrag bekam, für ihre Familie einen Kuchen zu backen. Sie schickte ihren Sohn los, um die entsprechenden Zutaten einzukaufen. Dieser machte spontan Gebrauch von einem Sonderangebot im Supermarkt und kaufte gleich zwei Liter Schlagsahne, die nur noch wenige Tage haltbar war. Für meine Freundin stand augenblicklich fest, dass die Sahne sofort verwertet werden müsse. An diesem Punkt stieg sie innerlich in die Stressspirale ein und stand von nun an unter Strom. So verbrachte sie viele Stunden in der Küche und buk statt einem, gleich vier Sahnekuchen! Drei von ihnen wollte sie im Anschluss verschenken. Während des Backens erlebte meine Freundin sich selbst zunehmend in einer Art Rauschzustand. Ihre ganze Aufmerksamkeit beschränkte sich auf die zu erledigenden Arbeitsabläufe, wobei sie besonderen Wert darauf legte, schnell und fehlerfrei voranzukommen. Sie erzählte, dass ihr Mann zwar hin und wieder die Küche betrat und mit ihr sprach, sie ihn jedoch kaum wahrnahm und sich nachher auch nicht mehr daran erinnern konnte, was er gesagt hatte. Gefühlsmäßig und gedanklich liefen zwei komplett verschiedene Filme in ihrem Inneren ab: Auf der einen Seite fühlte sie sich gestresst und überlastet von der Herkulesaufgabe, die sie sich da auferlegt hatte. Gleichzeitig empfand sie aber auch so etwas wie Nervenkitzel, begleitet von Gefühlen der Zufriedenheit und sogar des Genusses, weil sie so fleißig und produktiv war. Ihr Körper kannte den Kick, der in solchen Situationen durch die massive Ausschüttung von Stresshormonen ausgelöst wurde, und erhielt in diesen hektischen Stunden die Belohnung, nach der er kontinuierlich verlangte. Doch jeder Suchtrausch, der mit einem intensiven Stimmungshoch und Gefühlen der Euphorie einhergeht, findet früher oder später sein jähes Ende und mündet in einem sogenannten Belohnungsdefizit.

Im Falle meiner Freundin bedeutete das Folgendes: Irgendwann war die Arbeit getan, der Stress vorbei und sie selbst fühlte sich urplötzlich nur noch müde, erschöpft und ausgelaugt. Die erregende Phase des Schaffens und der Produktivität war vorüber, und ihr Körper hätte, um die dadurch ausgelösten Glücksgefühle wieder spüren zu können, unmittelbar die nächste Dosis gebraucht. Als diese jedoch nicht kam, reagierte er mit einem ausgeprägten physischen und mentalen Tief. Erst im Nachhinein wurde meiner Freundin klar, dass die ganze Prozedur letztendlich keinen Sinn gehabt und ihrem Wohlbefinden nur geschadet hatte. Sie sah ein, dass die Verwertung der Schlagsahne nicht so wichtig gewesen war, als dass es sich dafür gelohnt hätte, sich in diesem Ausmaß zu verausgaben. Doch um die Schlagsahne ging es in diesem Fall gar nicht oder höchstens hintergründig. In Wirklichkeit war das Ganze nur ein – nicht ganz bewusster – Vorwand, um den Stresskreislauf zu starten und aufrechtzuerhalten.

Vielleicht hast du dich an der einen oder anderen Stelle des Fallbeispiels wiedergefunden. Das Zutreffen der nachfolgenden Aussagen kann als Anzeichen dafür gewertet werden, dass auch du süchtig nach Stress bist:

- Es fällt dir schwer, einfach mal nichts zu tun.
- Druck und Anspannung sind deine ständigen Begleiter.
- Deine Gedanken kreisen permanent um Dinge, die noch erledigt werden müssen.
- Du weißt nicht mehr, wann du das letzte Mal so richtig entspannt und locker warst.
- Irgendwie gibt es immer ein Problem. Sobald das eine gelöst ist, taucht das nächste auf.
- Wenn alles erledigt ist, fühlst du dich leer, weißt nichts mit dir anzufangen und suchst dir deshalb neue Aufgaben.

- Du machst oft mehr, als du dir vorgenommen hast, oder mehr, als du eigentlich müsstest.
- Du fühlst dich schuldig, wenn du unproduktiv bist.
- Das Wort „Nein" kommt dir nur schwer über die Lippen.
- Freizeitaktivitäten kommen in deinem Leben oft zu kurz.

Wenn du dich in mehreren dieser Aussagen wiedergefunden hast, könntest du Züge einer Stresssucht aufweisen. Du musst deswegen aber nicht in Panik geraten! Sich einer Problematik bewusst zu werden, ist der erste Schritt zur Veränderung. In den folgenden Kapiteln erfährst du, wie du Stressgefühle im Alltag reduzieren und einem Burnout vorbeugen kannst. Doch zuerst möchte ich mit dir gemeinsam einen Blick in die Vergangenheit werfen und dabei der Frage nachgehen, warum bestimmte Formen von Stress unseren Körper derart schädigen.

Mit dem Steinzeitkörper im modernen Durcheinander

Um einen besseren Umgang mit Stress zu erlernen, sollte man zunächst verstehen, wie und warum er entsteht. Zu diesem Zweck unternehmen wir gemeinsam eine kleine Reise zu unseren Urahnen in die Steinzeit. Bereits vor über einer Million Jahren reagierte deren Körper erstaunlich clever auf gefährliche Situationen, immer mit dem Ziel, das Überleben zu sichern. Wurden sie bedroht, schüttete ihre Nebennierenrinde eine ganze Flut an Stresshormonen (vor allem Adrenalin, Noradrenalin und Cortisol) aus, was dazu führte, dass sowohl die Durchblutung als auch die Herzrate und der Blutdruck anstiegen. Alles, was unnötig Energie verbrauchte (z. B. die Verdauung oder das Schmerzempfinden), wurde drastisch heruntergefahren. Der gesamte Organismus bereitete sich darauf vor zu fliehen oder zu kämpfen und stand dabei massiv unter Stress. War die Gefahr vorbei, schaltete der Körper wieder um in den

Entspannungs- und was noch wichtiger war, in den Erholungsmodus. Der Kreislauf war somit abgeschlossen.

Was aber hat das alles mit den Gepflogenheiten und Anforderungen der modernen Leistungsgesellschaft, in der wir heute leben, zu tun? Die Antwort darauf birgt einiges an Stoff zum Nachdenken: Unser Körper heute funktioniert noch genauso wie damals in der Steinzeit! Das genetische Programm, das die Menschen schon vor Jahrmillionen in sich trugen, läuft auch heute noch ab. Wenn du glaubst, dass das positiv ist, könntest du dich täuschen. Die alltäglichen Umstände, mit denen wir jetzt konfrontiert sind, haben sich seither gewaltig geändert. Das bedeutet, dass der uralte Mechanismus, den die Natur sich für uns ausgedacht hat und der uns vor langer Zeit gesund hielt, uns heute krank machen kann. Wir stecken also noch immer im Steinzeitkörper unserer Vorfahren, befinden uns aber in der modernen Welt der Reizüberflutung. Wir müssen nun nicht mehr vor wilden Tieren davonlaufen oder um das Essen kämpfen. Die Bedrohungen der Gegenwart heißen Hektik, Termindruck, Überlastung und Erschöpfung, um nur einige zu nennen. Sie sind zum größten Teil mentaler Natur und permanent vorhanden. Unser Körper besitzt zwar noch immer hervorragende Eigenschaften zur Stressbewältigung, er hat jedoch große Mühe, gesund und fit zu bleiben, wenn die Belastung von Dauer ist. Akute, wie damals zeitlich begrenzte Stresssituationen können wir locker meistern. Problematisch wird es, wenn wir über einen längeren Zeitraum hinweg nicht mehr abschalten. Dieses „Symptom" unserer ewigen Bestrebungen zu leisten und zu optimieren gab es früher in dieser Form nicht und unser Körper ist dafür schlichtweg nicht gemacht.

Die Bedrohungen der Gegenwart heißen **HEKTIK**, *Termindruck, Überlastung und Erschöpfung.*

Wahrscheinlich kennst du die Metapher vom halb vollen oder halb leeren Glas, die es möglich machen soll, positiv denkende Menschen

von Pessimisten zu unterscheiden. Stell dir vor, jemand drückt dir so ein Glas Wasser in die Hand und fordert dich auf, es nach oben zu halten. Tatsächlich spielt es hier keine Rolle, wie hoch der Füllstand ist oder wie viel das Glas wiegt. Es kommt lediglich darauf an, wie lange du es halten musst. Hältst du es eine Minute, bereitet diese Aufgabe dir mit großer Wahrscheinlichkeit keine allzu großen Probleme. Musst du es eine Stunde lang nach oben halten, wird dein Arm vermutlich etwas schmerzen. Musst du es aber einen ganzen Tag lang halten, kann es passieren, dass dein Arm sich mit der Zeit komplett taub anfühlt, weil die Muskulatur überlastet und der Blutfluss gestört wird. Das absolute Gewicht ändert sich dabei nicht, aber je länger du das Glas halten musst, umso schwerer wird es. Genau diesem Prinzip folgt unser Körper, wenn er mit Stress konfrontiert wird.

Es gibt ein weiteres Argument dafür, dass die eigentlich nützliche Stressreaktion unseres Körpers uns heute schaden kann: Unsere Vorfahren mussten, um überleben zu können, ständig körperlich aktiv sein. Dadurch wurden die in gefährlichen Situationen ausgeschütteten Stresshormone konstant wieder abgebaut. Heute ist Stress jedoch chronisch geworden, kennt meist keinen Anfang und kein Ende und wir bewegen uns durch vermehrt sitzende Tätigkeiten nicht ausreichend. Nebenbei trägt auch die zunehmende Urbanisierung, also die Tatsache, dass immer mehr Menschen in Städten leben, in denen sie dank der dichten Verkehrsnetze oft wenig zu Fuß gehen, zum allgemein fortschreitenden Bewegungsmangel bei. Dadurch kann der durch Stress ausgelöste Hormoncocktail in unserem Körper permanent und ungestört sein Unwesen treiben. Die Situation ist folglich doppelt verzwickt. Wir wären naiv zu glauben, dass all das spurlos an uns vorübergeht. Herzkrankheiten, Diabetes, Krebs, Depressionen und Autoimmunerkrankungen sind nur einige Punkte auf der langen Liste der Krankheitsbilder, die mit Stressbelastung in Verbindung gebracht werden. Doch wie du gleich lesen wirst, ist das zum Glück nur die eine Seite der Medaille und Stress nicht zwangsläufig immer nur nachteilig.

Heute ist Stress CHRONISCH geworden.

Stress kann auch nützlich sein

Wie du jetzt weißt, ist das erhöhte Erregungsniveau, das wir Stress nennen, eine uralte Methode unseres Körpers, um uns zu schützen. Es wird nicht allein dadurch ausgelöst, dass wir zu viele Aufgaben haben, und genauso ist nicht jede Form von Stress automatisch schädlich. Man muss unterscheiden zwischen dem hilfreichen, guten Stress, der auch als „Eustress" bezeichnet wird, und dem unangenehmen, krank machenden Stress, den wir „Distress" nennen.

EUSTRESS und DISTRESS

Guter Stress kommt immer dann zustande, wenn man positiv aktiviert ist und sich den anstehenden Aufgaben (welcher Art auch immer) gut gewachsen fühlt oder sich im Idealfall sogar auf sie freuen kann. Man weiß zwar, jetzt wird einem Leistung abverlangt und auch dass es vielleicht anstrengend werden kann, aber man hat das Gefühl, die Situation gut unter Kontrolle zu haben und sieht das Ganze als Herausforderung. Im Leistungssport zum Beispiel müssen Athleten ein gewisses körperliches Erregungsniveau aufweisen, um im Wettkampf ihre Bestleistung abrufen zu können. Ein kleines Quäntchen Stress ist dort absolut notwendig, um abliefern zu können. Dieses Prinzip lässt sich ebenso auf berufliche Beanspruchungen anwenden. Wer zu wenig aktiviert ist, kann sein Potenzial nicht voll ausschöpfen. Dasselbe gilt allerdings auch, wenn die Anspannung zu hoch und der Stress zur Belastung wird. Tritt dieser Zustand ein, haben wir es mit dem sogenannten schlechten Stress zu tun.

Negativen Stress haben wir immer dann, wenn wir eine Situation, in der wir uns gerade befinden oder die uns noch bevorsteht, eben nicht als Herausforderung, sondern als Bedrohung erleben. Was genau aber meine ich in diesem Zusammenhang mit Bedrohung? Damit will ich sagen: Wir glauben, dass alles zu viel, zu schwer oder zu kompliziert ist. Wir meinen, dass die Anforderungen, die da gerade an uns gestellt werden, größer sind als unsere Kräfte und Fähigkeiten. Wir fühlen uns, als wären wir plötzlich ganz klein und stünden vor einem riesengroßen Berg, den zu bezwingen unsere Aufgabe ist. Leider fehlt uns ein ausgefeilter Plan, wie wir dieses schwierige Unterfangen meistern können, und ein Gefühl der Hilflosigkeit und des Ausgeliefertseins macht sich breit.

Um unsere Handlungsfähigkeit zurückzubekommen und schwierige Verhältnisse wieder als Herausforderung sehen zu können, sollten wir in erster Linie an unserer Einstellung feilen. Das nachfolgende kleine Experiment wird dir zeigen warum.

Alles Ansichtssache?!

Im Kasten unten siehst du zehn Rechnungen. Alles, was du tun musst, ist einen Blick auf sie zu werfen und dir zu überlegen, was dir dabei auffällt (nicht auf die Lösung gucken!):

6 + 7 = 13	7 − 4 = 3
4 − 3 = 1	2 + 3 = 6
5 + 4 = 9	9 + 6 = 15
8 − 2 = 6	6 − 4 = 2
1 + 6 = 7	3 + 6 = 9

Schauen wir uns die Sache gemeinsam an. Es gibt bei der Betrachtung dieser zehn Rechnungen und den Schlüssen, die du daraus ziehst, genau zwei mögliche Denkweisen:

↘ Möglichkeit Nr. 1:
„Zwei plus drei ist fünf und nicht sechs! Eine Rechnung ist falsch. Was für ein peinlicher Patzer! Eine so einfache Rechnung wurde nicht richtig gelöst. So was darf nun wirklich nicht passieren."

↘ Möglichkeit Nr. 2:
„Neun Rechnungen sind richtig! Das bedeutet, dass 90 Prozent der Aufgaben korrekt sind. Nicht perfekt, aber eine gute Leistung. Darauf kann man aufbauen."

Nur um eins klarzustellen: Es geht hier nicht darum, dir einzureden, es sei egal, wenn Rechnungen falsch gelöst oder Aufgaben nicht gewissenhaft erledigt werden. Es geht auch nicht darum, Missgeschicke, Niederlagen und Probleme zu verharmlosen oder gar schönzureden. Im Beispiel oben ist ein Fehler passiert und ja, vielleicht war es ein dummer Fehler. Selbstverständlich ist es wichtig, sich damit auseinanderzusetzen und daraus zu lernen. Nur dann können wir innerlich wachsen und uns weiterentwickeln. Was ich mit dem Rechenbeispiel deutlich machen will: Wir haben es ganz oft selbst in der Hand, wie wir mit Problemen umgehen, indem wir ihnen die entsprechende Bedeutung zuschreiben. Es ist längst wissenschaftlich belegt, dass unsere Wahrnehmung von stressigen Ereignissen und die Art und Weise darauf zu reagieren, viel bedeutungsvoller für unser Wohlbefinden und infolgedessen auch für unsere Gesundheit ist als das stressige Ereignis selbst.

Überzeuge dich selbst, indem du folgende Frage beantwortest: Was siehst du auf diesem Blatt Papier?

Nun, ich kann natürlich keine Gedanken lesen, trotzdem erlaube ich mir die Vermutung, dass dir ein schwarzer Punkt aufgefallen ist. Und weißt du was? Da hast du ganz recht! Es ist wirklich ein schwarzer Punkt auf diesem Zettel abgebildet. Wenn du aber noch einmal genau hinsiehst, wirst du bemerken, dass dieser schwarze Punkt nur einen (verschwindend!) kleinen Teil des Blattes ausmacht. Der weitaus größere Teil besteht aus weißer Fläche. Die springt jedoch nicht ins Auge. Wahrscheinlich hast du sie als selbstverständlich wahrgenommen.

Mit diesem Eindruck bist du nicht allein. Im alltäglichen Leben vieler Menschen spielt sich Tag für Tag dieselbe verhängnisvolle Szene ab. Möglicherweise kennst du sie auch: Nach einem langen, anstrengenden Arbeitstag kommst du abends erschöpft nach Hause und möchtest dich ausruhen. Du legst dich auf die Couch und hängst deinen Gedanken nach. Doch wie sehen diese aus? Vielleicht verfällst du in Grübeleien, die sich auf folgende Punkte beziehen:

- Aufgaben, die du nicht geschafft hast, und generell alles, was heute liegen geblieben ist;
- negative Ereignisse und unangenehme Angelegenheiten;
- Konflikte und Unstimmigkeiten;
- Dinge, die morgen unbedingt erledigt werden müssen.

Oder du gehörst zu den wenigen, die sich abends auf die Couch legen und gedanklich eine andere Richtung einschlagen. Dann kommen dir vielleicht folgende Dinge in den Sinn:

- Aufgaben, die du geschafft hast, und generell alles, was du heute weitergebracht hast;
- positive Ereignisse und angenehme Angelegenheiten;
- Gespräche, Austausch und Kontakte, die harmonisch verlaufen sind;
- Dinge, die du morgen besser machen möchtest.

Wenn du dich im zweiten Beispiel wiederfindest, dann gratuliere ich dir herzlich und möchte dich ermutigen, so weiterzumachen! Orientierst du dich hingegen eher am ersten Beispiel und an der damit verbundenen Denkweise, dann geht es dir wie den meisten Menschen, und du hast Schwierigkeiten, die weiße Fläche in deinem Leben zu erkennen und zu würdigen. Wenn das der Fall ist, möchte ich, dass du Folgendes weißt: Diese weiße Fläche, die sogar den Großteil des Blattes ausmacht, repräsentiert alles, was du gut machst, alles, was du voranbringst, und all jene Dinge, die dich zu Recht mit Zufriedenheit und Stolz erfüllen dürfen. Unglücklicherweise erhält alles, was einmal gut gelaufen ist, von uns direkt ein Etikett mit der Aufschrift „selbstverständlich" und verschwindet dann auf Nimmerwiedersehen in den

Tiefen unserer mentalen „Schublade des Vergessens". Aus den Augen, aus dem Sinn! Was bleibt dir anderes übrig, als dich mit aller Macht und immer wieder auf den schwarzen Punkt, also auf all jenes, das eben nicht so glattläuft, zu konzentrieren? Zugegeben: Es ist nicht deine Schuld. Wieder spielt uns unser evolutionsbiologisches Erbe einen Streich. Um das Überleben zu sichern, war es für unsere Vorfahren äußerst wichtig, Gefahren sofort zu erkennen und sinngemäß auf sie reagieren zu können. So mussten sie stets auf der Hut sein und ihre Aufmerksamkeit richtete sich dabei zwangsläufig auf das Negative. Dass diese Art von Wahrnehmung inzwischen nicht mehr förderlich für deine Befindlichkeit ist, wirst du dir schon gedacht haben. Tatsächlich ist sie sogar die Basis eines gigantischen Gedankenkonstrukts, das sich in unseren Köpfen leise (und häufig unbemerkt) seinen zerstörerischen Weg bahnt: Wir glauben, immer funktionieren zu müssen, dass wir den Ansprüchen gerecht werden und immer unsere Bestleistung bringen müssen. Unserer Ansicht nach darf nichts schiefgehen, denn das wäre ein Zeichen von Schwäche oder gar von Versagen. Und hier stellen wir uns selbst vor die absolut unlösbare Aufgabe, fehlerlos, makellos und absolut perfekt zu sein. Es ist beinahe unnötig zu erwähnen, dass so was niemand schaffen kann, egal wie viel Mühe sie sich gibt oder wie viel Zeit er dafür aufwendet. Zudem haben wir es im Leben immer mal wieder mit Stressfaktoren zu tun, die wir entweder gar nicht oder nur sehr schwer beeinflussen können. Gerade in solchen Situationen spielt die Perspektive, die wir bei der Betrachtung unserer Lage einnehmen, die alles entscheidende Rolle. Wenn wir mit Stressoren (Faktoren, die Stress auslösen) konfrontiert sind, die sich nicht aus eigener Kraft heraus verändern lassen, steht uns nur eine einzige Bewältigungsmöglichkeit zur Verfügung: Wir müssen bewusst unseren Blickwinkel ändern, um das Problem von mehreren Seiten zu beleuchten

Du darfst auch mal die **PERSPEKTIVE** *wechseln.*

und schlussendlich das stressauslösende Ereignis anders bewerten zu können. Wenn wir Stress haben, nehmen wir oft wenige bis gar keine Handlungs- und Interpretationsspielräume wahr. Irgendwie scheinen wir, komplett von außen gesteuert zu werden, und haben das Gefühl, uns fügen zu müssen. Wie die obigen Beispiele zeigen, ist unser Denken aber dynamisch. Je nachdem, welchen Fokus wir setzen, empfinden wir Stress als Bedrohung oder eben als Herausforderung.

Bestimmt war heute auch schon jemand **FREUNDLICH** *zu dir.*

Einmal schaute ich nach einem anstrengenden Tag, an dem ich von Amt zu Amt gelaufen war und eine Menge Formalitäten und Papierkram erledigt hatte, bei meiner Tante auf einen Kaffee vorbei. Ich war so richtig gestresst und meine Gedanken kreisten unaufhörlich um die Ereignisse der letzten Stunden. Ich schimpfte über all die unhöflichen und schlecht gelaunten Leute, mit denen ich heute zu tun gehabt hatte und die mit ihrem Verhalten dazu beigetragen hatten, dass ich jetzt selbst mies drauf war. Meine Tante sah mich verschmitzt an, überlegte kurz und sagte dann beiläufig: „Hmm, da kann ich dich sehr gut verstehen. Aber waren denn wirklich

alle so schlimm? Bestimmt war heute auch schon jemand freundlich zu dir." Ertappt! Ich musste lachen und sofort schlugen meine Gedanken eine andere Richtung ein. Plötzlich fielen mir alle möglichen Situationen (und Menschen) ein, die mir heute gutgetan und meinen Tag erhellt hatten. Der nette Busfahrer, der winkend an mir vorbeigefahren war; die freundliche Bedienung im Café, die mir lächelnd einen super leckeren Cappuccino zubereitet hatte; die aufmerksamen Worte meiner Tante, die mich an diesem Tag auf den Boden der Tatsachen zurückbrachten. Meine Stimmung besserte sich, der schwarze Punkt trat in den Hintergrund und machte Platz für die weiße Fläche. Ich erkannte, dass die vergangenen Stunden nicht nur anstrengend und nervenaufreibend, sondern auch vollgepackt mit kleinen Glücksmomenten gewesen waren. Diese hatte ich allerdings, ohne es zu merken, einfach ignoriert. Der Wechsel meiner Blickrichtung brachte auch die Wende in Bezug auf meine Stimmung. Ich war verblüfft darüber, wie wenig es manchmal braucht, um etwas zu bewirken.

Wenn auch du öfter mal von der wohltuenden Erfahrung des Perspektivenwechsels profitieren möchtest, empfehle ich dir folgende Übung:

Nimm dir jeden Abend ein paar Minuten Zeit und notiere alles (fünf Punkte mindestens!), was an diesem Tag gut war. Schreibe alles auf, was dir einfällt! Vielleicht hat die Nachbarin dich nett gegrüßt oder du hast heute besonders lecker zu Mittag gegessen? All das kommt auf deine Liste. Achte dabei bewusst darauf, ob und wie sich deine Stimmung verändert. Du wirst merken: Dir werden diese kleinen, aber feinen Glücksmomente mit der Zeit schon während des Tages vermehrt auffallen, weil dein innerer Fokus sich langsam verschiebt.

Diese tolle Übung kann als Tagesausklangsritual auch zu zweit oder mit der ganzen Familie gemacht werden. Jeder erzählt ein paar

Minuten lang, welche positiven und inspirierenden Momente er an diesem Tag erlebt hat. Oft entsteht dabei eine äußerst optimistische Gruppendynamik, die auch den partnerschaftlichen und familiären Zusammenhalt stärkt.

Eine zusätzliche Variante ist der positive Wochen- und Monatsrückblick. Insbesondere in Zeiten, in denen sich das Leben nicht als Zuckerschlecken erweist und man dazu tendiert, alles schwarzzusehen, kann diese Rückschau in Kombination mit dem bewussten Herausarbeiten der positiven Aspekte Balsam für die Seele sein. Probiere es aus, die Wirkung wird dich erstaunen!

RESILIENZ: WOHLFÜHLEN DURCH INNERE STÄRKE

Der Begriff Resilienz lehnt sich an das lateinische Wort „resilire" an, was so viel wie „zurückspringen" oder „abprallen" bedeutet. Er stammt ursprünglich aus der Physik und meint die Elastizität eines Gegenstandes und damit seine Fähigkeit, nach Veränderungen in die ursprüngliche Form zurückzukehren. Resiliente Menschen sind demnach nicht nur imstande, sich gegen negative äußere Einflüsse zu wappnen oder diese im Idealfall sogar an sich abprallen zu lassen. Sie haben zudem die Fähigkeit, sich in belastenden Situationen zu biegen und sich nachher wieder aufzurichten. Ein gutes Beispiel hierfür ist die Geschichte vom Baum und dem Gras. Der Baum wirkt robust und solide mit seiner starken Krone und den dicken Wurzeln, die sich tief in die Erde strecken. Das Gras hingegen ist zart und weich, fast möchte man sagen schwach. Wenn jedoch ein

Sturm aufkommt, kann es passieren, dass der Baum am Ende entwurzelt zu Boden fällt, während das Gras sich zwar bis zur Erde biegt, sich nachher aber sanft wiederaufrichtet.

Leider wird das Konzept der Resilienz oft missverstanden. Viele glauben, der resiliente Mensch sei immer stark und lasse sich niemals von etwas unterkriegen, was so nicht stimmt. Auch resiliente Menschen haben ihre Tiefpunkte, kämpfen mit seelischem Schmerz, leiden oder fühlen sich gar verzweifelt. Was sie aber von weniger resilienten Personen unterscheidet, ist die Tatsache, dass sie nach Rückschlägen niemals lange liegen bleiben und immer wieder aufstehen. Sie geben sich selbst die Zeit, das Erlebte zu verarbeiten und kommen dann zurück. Nicht umsonst werden sie mit dem Begriff des „Stehaufmännchens" in Verbindung gebracht.

Und noch etwas haben diese seelisch robusten Menschen, so unterschiedlich sie sonst auch sein mögen, gemeinsam: Egal wie schlimm ihre Situation ist, sie finden eine Lösung und gehen sogar gestärkt aus Krisen hervor. Demzufolge kann Resilienz als „Immunsystem der Seele" bezeichnet werden. Je stärker diese mentale Abwehr ausgeprägt ist, umso robuster und widerstandsfähiger sind wir und umso leichter fällt es uns, trotz belastender Erfahrungen sowohl seelisch als auch körperlich stabil und gesund zu bleiben.

Nun stellt sich die Frage, welche Eigenschaften und Fähigkeiten es konkret sind, die am Ende darüber entscheiden, wie erfolgreich Menschen Krisen bewältigen können. Die Professorin und Resilienz-Expertin Dr. Jutta Heller unterscheidet sieben Schlüsselkompetenzen, aus denen Resilienz sich zusammensetzt. Diese sieben Schlüssel zur „Schatztruhe" der Resilienz (und was sie konkret bedeuten) möchte ich kurz ausführen:

Akzeptanz – Situationen akzeptieren und verändern
Mit Akzeptanz ist gemeint, dass man anerkennt, was gerade ist und wie es ist. Einen unangenehmen Zustand zu akzeptieren, ohne innerlich gegen ihn anzukämpfen, ist die beste Basis, um ihn in einem zweiten Schritt erfolgreich verändern zu können.

Realistischer Optimismus – Fokus auf Ressourcen und Potenziale
Ein realistischer Optimist ist jemand, der schwierige Situationen und auch die Gefühle, die diese mit sich bringen, nicht gleich als Freifahrtschein zum Schwarzsehen betrachtet. Vielmehr versucht sie, die möglicherweise vorhandenen Vorteile (z. B. die eigenen Ressourcen und Potenziale, die ihr bereits in der Vergangenheit geholfen haben, Hindernisse zu überwinden) herauszuarbeiten und sie für die Problembewältigung zu nutzen.

Selbstwirksamkeit – Überzeugung, Probleme aus eigener Kraft meistern zu können
Das Gefühl von Selbstwirksamkeit beinhaltet die Überzeugung, dass man aus eigener Kraft etwas schaffen und die Szenen, die sich im eigenen Leben abspielen, selbst beeinflussen kann. „Agieren statt reagieren!" lautet das Motto.

Eigenverantwortung – Entscheidungen selbstbestimmt treffen
Eigenverantwortlich handeln wir immer dann, wenn wir erkennen, dass wir selbst für unser Wohlbefinden zuständig sind und es als persönliche Pflicht betrachten, gut auf uns achtzugeben. Eigenverantwortung ist eine wichtige Grundvoraussetzung, um Selbstliebe und Selbstfürsorge aktiv praktizieren zu können.

Netzwerkaufbau – Unterstützung und Hilfe in Anspruch nehmen
Resiliente Menschen verfügen in der Regel über ein tragfähiges Netz an sozialen Beziehungen. Sie knüpfen Kontakte und scheuen sich nicht, um Hilfe zu bitten. Sie suchen sich Unterstützung nicht erst dann, wenn sie alleine nicht mehr weiterwissen. Dadurch lässt sich oft verhindern, dass kleinere Probleme zu größeren Schwierigkeiten werden.

Lösungsorientierung – Gezielte Suche nach Lösungen
Nachdem man den Ursachen eines Problems auf den Grund gegangen ist und diese ausreichend analysiert hat, kann man diesen Prozess endlos wiederholen, oder man richtet seine Energie bewusst darauf, zu einer Lösung zu kommen. Letzteres nennt man Lösungsorientierung.

Zukunft gestalten – Ziele setzen, aber richtig!
Wer seine Zukunft plant und sich attraktive, aber erreichbare Ziele setzt, hat mehr Motivation und Ausdauer für seine Aufgaben. Nicht umsonst heißt es: „Nur wer sein Ziel kennt, findet den Weg." Wichtig: Einen Plan haben und bei der Umsetzung flexibel bleiben.

All diese Attribute helfen uns dabei, innere Stärke zu entwickeln und unser Wohlbefinden zu steigern, wenn nicht gar zu maximieren. Das ist vor allem auch im Hinblick auf die Prävention von Stresszuständen wichtig. Wer an den sieben Resilienzschlüsseln arbeitet, wird besser durch schwierige/chaotische Situationen kommen. Ich werde im weiteren Verlauf dieses Buches – in verschiedenen Zusammenhängen – genauer darauf eingehen und entsprechende Übungen, Inspirationen und Gedankenexperimente mit dir teilen.

Warum du dich selbst besser behandeln solltest

Zuallererst möchte ich dir kurz erklären, warum ich einen derart plakativen Titel für dieses Kapitel gewählt habe. Selbstliebe (oder Selbstfürsorge) ist nicht nur eines meiner Lieblingsthemen, sie ist auch ein richtiger „Gamechanger" auf dem Weg zu mehr Ausgeglichenheit und Wohlbefinden. Kommt sie zum Zuge, wendet sich das Blatt in dem ewigen Spiel, das wir Leben nennen, ganz gewaltig – und zwar zum Positiven. Nur wenn wir lernen, wie ein Fels in der Brandung hinter uns selbst zu stehen, können wir dauerhaft stabil sein und dem lebenslänglichen Entwicklungsprozess, den wir alle durchlaufen, die entscheidende positive Wende geben. Damit will ich dir Folgendes sagen (und du solltest jetzt gut aufpassen): Du selbst bist die wichtigste Person in deinem Leben! Du bist deine persönliche Nummer eins, stehst unangefochten an erster Stelle. Diese Aussagen klingen in den Ohren vieler Menschen erst mal befremdlich oder gar selbstsüchtig. Allerdings kann ich dich beruhigen: Das sind sie nicht! Du bist die einzige Person, mit der du es ein Leben lang aushalten musst. Vor dir selbst kannst du nie davonlaufen. Solange du lebst, bist du jede Stunde, jede Minute, jede Sekunde des Tages mit dir selbst konfrontiert, ob du es möchtest oder nicht. Es liegt auf der Hand: Die Beziehung zu dir selbst ist die wichtigste Verbindung deines Lebens und benötigt viel Zuwendung und Pflege. Diese Haltung ist sowohl gesund als auch notwendig und hat absolut nichts mit Egoismus oder Selbstbezogenheit zu tun. In Wahrheit ist es sogar umgekehrt. Der Grundgedanke von Selbstliebe ist, gut auf sich selbst zu achten und die eigenen Bedürfnisse zu vertreten, mit dem Ziel, gesund und voll leistungsfähig zu bleiben oder es wieder zu werden. Nicht nur du selbst, sondern auch die Menschen in deinem privaten und beruflichen Umfeld profitieren davon, dass du auf dich schaust.

Vielleicht bist du schon einmal mit dem Flugzeug verreist und hast sogar aufgepasst, als vor dem Start die Sicherheitsanweisungen gegeben wurden (wenn nicht, ist es für das Verständnis von Selbstliebe allerdings auch kein Problem). Jedenfalls wird dort immer darauf hingewiesen, dass im Notfall, wenn das Flugzeug an Höhe verlieren sollte und aus diesem Grund die Sauerstoffmasken von der Decke fallen, die Passagiere sich an einem ganz bestimmten Verhaltensmuster orientieren sollen. Und zwar sollte man zuerst immer die eigene Maske umschnallen, sicherstellen, dass sie richtig sitzt, und erst dann anderen Personen helfen. Nun, ich wage zu behaupten, das ist keine Regel, die sich irgendjemand zum Spaß ausgedacht hat. Sie ist berechtigt und äußerst sinnvoll. Und genau dieses Prinzip steht auch hinter dem Begriff der Selbstfürsorge. Achtest du darauf, dass es dir selbst gut geht, dann hast du umso mehr Kraft und Energie für die Erfüllung deiner Aufgaben und Pflichten. Du bist dann imstande, deinen Job gut zu machen, anderen zu helfen oder für deine Familie zu sorgen. Wenn du dich selbst jedoch stiefmütterlich behandelst, deine Bedürfnisse vernachlässigst und den Erwartungen der anderen den Vorzug gibst, geht es dir auf lange Sicht nicht gut und deine Leistung nimmt ab. Wem würde das zugutekommen? Richtig! Niemandem. Weder deinem Arbeitgeber noch deinen Mitarbeitern, deinen Freundinnen oder deiner Familie wäre es zuträglich, wenn du am Ende des Tages aus dem letzten Loch pfeifst. Am allerwenigsten aber hilfst du damit dir selbst.

Nun, da wir geklärt haben, dass das aktive Praktizieren von Selbstliebe nicht nur eigennützig ist, sondern obendrein dem Gemeinwohl dient, kommen wir nicht umhin, darüber zu sprechen, wie wir uns entsprechende Denk- und Verhaltensweisen aneignen können. Damit sind wir bereits mitten im schwierigsten Teil dieses großen und wichtigen Unterfangens. In meiner Praxis mache ich regelmäßig folgende

Du stehst an ERSTER STELLE!

Erfahrung: Klient*innen kommen zu mir, weil sie verstanden haben, dass es so nicht weitergehen kann, und sie in ihrem Leben etwas ändern müssen. Insgeheim wissen die meisten von ihnen ganz genau: Die Art und Weise, wie sie mit sich selbst umgehen, stellt ein Problem dar. Üblicherweise sind sie bereit, daran zu arbeiten, allerdings wissen sie oft nicht, wie. Hier stehen wir nun der wahren Herausforderung gegenüber und die gleicht nicht selten einer Herkulesaufgabe. Die häufigsten Sätze, die ich in diesem Zusammenhang zu hören bekomme, sind: „Ich weiß nicht, was ich brauche", „Ich habe wirklich keine Ahnung, was mir guttun würde". Wer seine Bedürfnisse nicht kennt, kann ihnen unmöglich nachkommen und sie schon gar nicht anderen gegenüber vertreten. Vielleicht fragst du dich, wie es möglich ist, dass Menschen ihre eigenen Bedürfnisse nicht spüren? Zugegeben, es gab eine Zeit, in der mir das auch suspekt erschien. Dabei ist die Erklärung dieser inneren Abkapselung nicht wirklich spektakulär. Es ist eine Folge der vielen „Überlagerungen", die im Laufe der Jahre unseren inneren Kern immer mehr verdecken und zum Schweigen bringen. Lass es mich erklären: Wir alle besitzen einen sogenannten inneren Wesenskern, der unsere ureigenen Fähigkeiten, Charaktereigenschaften und eben auch unsere Bedürfnisse beherbergt. Dieser Kern umfasst alles, was uns als individuelle Person kennzeichnet und ausmacht und in diesem Kern sind wir heil und unversehrt. Sind wir gut mit ihm verbunden, spüren wir deutlich und vor allem früh genug, wenn uns etwas zu viel wird und wie wir uns selbst am besten helfen und unterstützen können. Nun werden wir allerdings im Laufe der Zeit und durch verschiedenste Ereignisse von außen geformt. Gesellschaftliche Konventionen, Ansichten, Einstellungen und Erwartungshaltungen prasseln laufend auf uns ein und umschließen allmählich unseren inneren Kern. Was passiert infolgedessen? Wir spüren uns selbst immer weniger, bis die Verbindung nach innen irgendwann kappt und wir komplett den Bezug zu unserem ureigenen Wesen verlieren. So gruselig die Vorstellung von Menschen, die roboterähnlich von außen gesteuert durchs Leben hasten, auch ist, so

stellt sie doch für viele von uns die alltägliche Realität dar. Solange wir in diesem fremdgesteuerten Modus agieren und funktionieren, bleiben wir sowohl mental als auch emotional unterkühlt und unterernährt. Das wiederum kann weitreichende negative Konsequenzen für unsere körperliche und seelische Gesundheit haben.

Bevor wir also damit beginnen können, unsere Bedürfnisse nach außen hin zu vertreten, müssen wir erst mal wieder lernen, sie überhaupt zu spüren und richtig einzuordnen. Hier besteht nämlich das Risiko der Verwechslungsgefahr! Oft möchten wir uns mit den besten Absichten selbst etwas Gutes tun, stellen dann aber fest, dass es sich gar nicht so gut anfühlt oder die erhoffte Erholungswirkung ausbleibt. Ein Grund dafür ist häufig, dass wir eben nicht das machen, was wir wirklich und wahrhaftig wollen und brauchen, sondern uns wiederum an Tätigkeiten orientieren, denen allgemein positive Effekte nachgesagt werden. Was ist beispielsweise die gängige Auffassung von Erholung, an einem langen warmen Sommertag? Viele glauben, so ein Tag müsse voll ausgekostet und bis zum Rande mit Tätigkeiten gefüllt werden, sei es eine lange Wanderung, eine Mountainbike-Tour oder ein Badenachmittag am See. Es kann aber durchaus sein, dass keine dieser Betätigungen das Bedürfnis stillt, das man gerade hat. Vielleicht wäre man mit einem Lesenachmittag auf der Terrasse oder einem Treffen mit Freunden in der Eisdiele heute besser bedient? Nicht immer entspricht das, was der Nachbar tut, oder das, was „man halt so macht", auch dem, was du in diesem Augenblick brauchst, um dich gut zu erholen.

Eng verwandt mit diesem gängigen Fehlschluss, ist ein Phänomen, das ich „Freizeitstress" nenne. Er entsteht, wenn wir unsere freien Tage mit Pflichten vollstopfen, als wäre es normale Arbeitszeit. Möglicherweise nehmen wir uns vor, Dinge zu tun (z. B. an einem freien Nachmittag ein Buch zu lesen, das wir uns kürzlich gekauft haben) und uns

> Wir müssen wieder **LERNEN ZU SPÜREN.**

dann schlecht fühlen, weil wir doch nicht dazu gekommen sind oder schlichtweg keine Lust hatten. Wir verlagern also das ohnehin kritisch zu betrachtende Konzept der kontinuierlichen Selbstoptimierung auch in unsere Freizeit. Dadurch verliert diese aber komplett ihren ursprünglichen Charakter und somit ihren Wert, weil Spontaneität, Leichtigkeit und Gelassenheit keinen Platz mehr finden. Doch genau sie sind es, die Freizeit erst von Arbeitszeit unterscheiden. Fakt ist, dass wir sowohl im Job als auch im Privatleben unseren wahren Bedürfnissen oft nicht den Stellenwert einräumen, der ihnen zusteht und uns stattdessen lieber nach außen orientieren.

Spontaneität, Leichtigkeit und Gelassenheit

Kürzlich erzählte mir ein Freund von seinem Urlaub. Dieser war gar nicht gut verlaufen. Tatsächlich bezeichnete er seine Ferien als unangenehmste und ungemütlichste Tage, die er seit Langem erlebt hatte. Und das, obwohl er sich bereits Wochen zuvor darauf gefreut hatte, endlich mal außer Dienst zu sein und Zeit mit sich selbst zu verbringen. Alles hatte damit begonnen, dass er sich schon im Vorfeld einer ziemlich genauen Vorstellung davon hingab, wie seine freie Woche ablaufen würde. Es standen Wanderungen und Ausflüge in die Natur auf dem Programm. Dieser Plan wurde jedoch vom schlechten Wetter durchkreuzt und so nahm die Misere langsam, aber sicher ihren Lauf. Meinem Freund fiel es sehr schwer, von seinen ursprünglichen Plänen abzuweichen und einfach etwas anderes zu machen. Er war es nicht gewohnt, intuitiv zu handeln und seinem Bauchgefühl zu folgen, das ihn in diesem Fall direkt zu seinen innersten Bedürfnissen (und zu deren Erfüllung!) geführt hätte. Stattdessen orientierte er sich an Grundsätzen, Prinzipien und am unbewussten Glaubenssatz, dass man im Hochsommer wandern geht, wenn man Urlaub zu Hause in Südtirol macht. Je mehr er sich also entspannen und erholen wollte, umso weniger gelang es ihm und umso unzufriedener wurde er. Schlussendlich durchschaute er

sich allerdings selbst und nahm sich vor, bei seiner nächsten Urlaubsplanung bewusst Freiräume zu schaffen und mehr Wert auf Spontaneität und Flexibilität zu legen.

Ein weiteres prototypisches Beispiel dafür, wie wir oft an unseren Bedürfnissen vorbeileben und den Fokus stattdessen auf Oberflächlichkeiten legen, stellt die folgende Geschichte dar. Während meines Studiums besuchte ich einen Kurs in achtsamkeitsbasierter Stressreduktion. Am ersten Kurstag sollten alle Teilnehmer kurz erklären, was sie dazu bewogen hatte, sich mit dem Thema Achtsamkeit zu befassen. Eine junge Frau berichtete lebhaft von ihren Erfahrungen mit einer Wandergruppe, zu der sie und einige ihrer Freundinnen sich

Bewusst **FREIRÄUME SCHAFFEN**

zusammengeschlossen hatten. Alle Gruppenmitglieder liebten das Wandern und brachen regelmäßig an Wochenenden zu gemeinsamen Bergtouren auf. Was als schöne Idee begann, endete in einem Fiasko. Schon bald veränderte sich die Stimmung innerhalb der Gruppe und die Frauen begannen, sich in puncto Leistung miteinander zu vergleichen und gegenseitig unter Druck zu setzen. Sie kauften sich teure Fitnessuhren und beschäftigten sich bis zur Erschöpfung mit Gehzeiten, Höhenmetern, Kalorienverbrauch usw. Ein regelrechter Konkurrenzkampf entstand. Dieser führte schlussendlich dazu, dass mehrere Mitglieder nur noch selten an den gemeinsamen Aktivitäten teilnahmen oder die Gruppe ganz verließen.

Es dürfte klar sein: Diese Form der Freizeitgestaltung kann uns nicht die gewünschte Regeneration bringen. Sie berücksichtigt rein gar nichts von dem, was wir wirklich brauchen, um uns wohlzufühlen und somit Erholung überhaupt erst möglich zu machen. Wahrscheinlich brennt dir jetzt die Frage auf den Lippen, welche Dinge es genau sind, die uns dabei helfen aufzutanken, zu regenerieren und innerlich aufzublühen. Nun, das ist höchst individuell und hängt sowohl von der Persönlichkeit eines Menschen als auch von seinen Interessen und nicht zuletzt von seiner aktuellen Situation ab. Um uns also gut um unsere innersten Belange kümmern zu können, müssen wir erst die Schichten entfernen und dann den Draht zum inneren Wesenskern langsam wiederherstellen. Dieses Ziel kannst du beginnen umzusetzen, indem du folgende Übung zum Innehalten und Durchbrechen des Stresskreislaufs in deinen Alltag einbaust:

Nimm dir über den Tag verteilt mehrmals einen Augenblick Zeit, atme einmal tief durch und stelle dir selbst folgende Fragen:

↘ **Wie geht es mir gerade?**

Bin ich locker oder angespannt? Fühle ich mich fit oder bin ich müde? Habe ich den Kopf frei oder ist er voller Gedanken? Mache eine kurze Bestandsaufnahme deines aktuellen Befindens.

↘ **Was brauche ich jetzt?**

Vielleicht möchtest du ein paar Schritte gehen (und wenn es nur bis zum Kopiergerät und wieder zurück ist), ein Fenster öffnen, ein Glas Wasser trinken oder mit jemandem sprechen. Spüre tief in deinen Körper hinein, frage ihn, was ihm genau jetzt guttun würde, und erfülle ihm diesen Wunsch.

Mit dieser Vorgehensweise zeigst du deinem Körper: Du stehst von nun an auf seiner Seite und wirst seine Signale achten. Du lässt anklingen, dass du bereit bist, dich wieder mit deinem inneren Wesenskern zu verbinden und mit ihm gemeinsame Sache zu machen. Im weiteren Verlauf wird dein Körper dir immer mehr von sich offenbaren, und du wirst immer deutlicher spüren, was du wirklich willst und brauchst, um dich gut zu fühlen. Ein zusätzlicher toller Effekt dieser Übung besteht darin, dass du den Kreislauf aus Stressgefühlen, der im Laufe des Tages oft entsteht, immer wieder unterbrichst und ganz bewusst aus dem Hamsterrad aussteigst. Dein Energiehaushalt wird es dir danken! Natürlich kannst du die Übung auch auf deine Freizeit ummünzen. Anstatt alles im Voraus zu planen und durchzutakten, kannst du jeden Morgen aufs Neue herausfinden, was heute zu dir passt. Mit der Zeit wirst du zunehmend merken, wie erholsam es sein kann, deiner Intuition und deinem Gefühl zu folgen, anstatt immer einen vorgefertigten Plan einzuhalten.

Du hast genug Zeit, wenn du sie richtig nutzt

Zeit ist abgesehen von Gesundheit wohl unser kostbarstes Gut. Das ist unter anderem auch deshalb so, weil wir alle irgendwie zu wenig davon haben. Dabei ist es nicht unbedingt die Menge an Zeit, die uns fehlt. Das Problem ergibt sich vielmehr aus der Art und Weise, wie wir sie verwalten. Du kannst dir die Zeit vorstellen wie ein Gefäß, das du füllen darfst – und zwar jeden Tag aufs Neue. Dafür hast du Tennisbälle, Murmeln und Sand zur Verfügung. Die Tennisbälle stehen für alles, was in deinem Leben wirklich wichtig ist, wie deine Familie, deine Freunde, deine Hobbys und deine Gesundheit. Die Murmeln symbolisieren alltägliche Dinge wie deinen Job, deine Wohnung, dein Auto und generell deine Besitztümer. Der Sand steht für die Kleinigkeiten, Details und

Problemchen, mit denen du dich mitunter beschäftigen musst. Wenn du beginnst, das Gefäß zuerst mit Tennisbällen und dann mit Murmeln zu füllen, so bleibt in den leeren Zwischenräumen noch Platz für den Sand, und du hast somit alles untergebracht. Machst du es aber umgekehrt (und das machen wir alle leider häufig so!) und gibst den Sand zuerst in das Gefäß, dann ist dort nicht mehr genügend Platz für die Murmeln und schon gar nicht für die Tennisbälle. Verlierst du dich also ständig in Kleinigkeiten und Problemen, hast du nicht mehr genug Zeit für das, was wirklich wichtig ist.

Eine große Rolle spielt hier das Thema Perfektionismus. Wenn ich in meinen Vorträgen über Stressbewältigung mal ganz ungezwungen in die Runde frage, wer an sich selbst den Anspruch stellt, immer alles perfekt machen zu müssen, meldet sich für gewöhnlich niemand. Die Leute erwidern dann schlaue Sachen wie: „Es weiß doch jeder, dass das gar nicht geht. Niemand ist perfekt. Wir alle machen Fehler." Schauen wir uns dann aber gemeinsam an, welche Erwartungen diese Menschen an sich stellen und wie sie sich selbst behandeln, kann man das (latente) Streben nach Perfektion meist nicht mehr leugnen. Eins musst du über Perfektionismus wissen: Er wird genährt durch Gefühle der Unsicherheit und Unzulänglichkeit! Perfektionisten haben Angst, nicht gut genug zu sein, und glauben, sich ständig und überall beweisen zu müssen. Dadurch fällt es ihnen schwer loszulassen und Aufgaben abzugeben. Doch genau das müssen wir alle lernen, wenn wir so was wie „Work-Life-Balance", also ein ausgeglichenes Verhältnis zwischen Arbeit und Freizeit, erreichen wollen. Manchmal nehmen wir auch uns selbst zu wichtig und glauben, etwas könne nicht gut werden, wenn wir es nicht selbst machen oder zumindest die, die es machen, sorgfältig beaufsichtigen. Zudem fällt es Perfektionisten oft schwer, Aufträge rechtzeitig

> Verlierst du dich in Kleinigkeiten, hast du nicht mehr genug Zeit für das, was wirklich wichtig ist.

fertigzustellen, weil sie ewig an Details feilen und trotzdem das Gefühl haben, das Ergebnis sei unzureichend. Diese Haltung kostet eine Menge Zeit und Kraft, denn Kontrolle ist auf Dauer anstrengend. Um das stetige Streben nach Vollkommenheit und die damit verbundenen negativen Konsequenzen in Schach zu halten, sollten Betroffene an ihrem Selbstwertgefühl arbeiten und eine Haltung des Vertrauens sich selbst und anderen gegenüber üben. Mehr zum Thema Vertrauen erfährst du im Kapitel „Das Glück ist immer mit den Mutigen" (siehe S. 118).

Im Folgenden findest du ein paar Anregungen für effektivere Planung und Einteilung deiner Zeit. Sie alle verfolgen das Ziel, dir dabei zu helfen, mehr Zeit für die wirklich wichtigen Dinge im Leben zur Verfügung zu haben.

Setze deine Prioritäten!

Überleg doch mal, wann eine Waage (wir reden hier von einer altmodischen Waage mit zwei Schalen) ausgeglichen ist? Das ist natürlich dann der Fall, wenn sie auf beiden Seiten mit dem gleichen Gewicht beladen wird. Genauso einfach ist es auch in deinem Leben: Möchtest du ausgeglichen sein, solltest du deinen Pflichten die gleiche Priorität einräumen wie deiner freien Zeit. Fällt dir das schwer (und damit bist du ganz bestimmt nicht alleine), kannst du versuchen, dir jede Woche bestimmte Zeiten für deine privaten Interessen und Aktivitäten zu reservieren. Diese sogenannte „Me-Time" kannst du im Kalender eintragen und sie, gleich wie berufliche Termine, dann strikt einhalten. Du glaubst, das funktioniert nicht? Nun, das hängt allein davon ab, wie sehr du es willst. Umgekehrt funktioniert es ja auch: Wenn im Job etwas Wichtiges erledigt oder zu Ende gebracht werden muss, dann hast du bestimmt schon mal Überstunden gemacht und eine private

Räume deiner freien Zeit die **GLEICHE PRIORITÄT** *ein wie deinen Pflichten.*

Angelegenheit (z. B. das Tennistraining, den Aperitif mit Freunden oder den Filmabend mit der Familie) kurzfristig sausen lassen. Du musst ja nicht gleich haarklein alles durchplanen, was du in diesen dir zur Verfügung stehenden Zeitfenstern machen möchtest. Das kannst du problemlos spontan und nach Gefühl entscheiden. Wichtig ist, dass du dir und deiner Freizeit Priorität einräumst! Das gelingt am besten mit verbindlich einzuhaltenden Auszeiten.

Zeitfresser ausbremsen mit der Not-to-do-Liste

Das Prinzip der To-do-Liste ist mittlerweile hinreichend bekannt. Das tägliche oder wöchentliche Aufschreiben aller zu erledigenden Aufgaben mit dem Ziel, nichts zu vergessen, hat absolute Hochkonjunktur. Leider packen wir diese Listen häufig zu voll und ärgern uns dann, wenn wir den 25. Punkt eines Tages nicht mehr geschafft haben, anstatt uns über die 24 erledigten Aufgaben zu freuen. Wahrnehmung ist nun mal das Ergebnis von Aufmerksamkeitsfokussierung und wie du siehst, kommt diese Tatsache in jedem Bereich deines Lebens zum Tragen. Um deine Zeit so gut wie möglich nutzen zu können, kann allerdings auch die umgekehrte Version der To-do-Liste von Vorteil sein. Das Motto dieser sogenannten Not-to-do-Liste lautet „Weniger ist mehr!", und daraus ergibt sich folgende Frage: Was sollte ich an einem stressigen Tag auf gar keinen Fall tun? Welche Tätigkeiten sollte ich heute unbedingt bleiben lassen, um die Belastung so gering wie möglich zu halten? Zuerst musst du herausfinden, mit welchen Zeitfressern du dich oft zusätzlich belastest. Mache doch mal eine eingehende Analyse deines Tagesablaufs. Schreibe drei Tage lang alles auf, was du machst und wie viel Zeit du jeweils dafür aufwendest. Das Ergebnis wird dich erstaunen! Vielleicht wird dir klar, wie viel Zeit du in den sozialen Netzwerken (oder generell am Smartphone), beim

WENIGER IST MEHR!

Aufräumen/Putzen oder dem ununterbrochenen Checken deiner E-Mails verbringst. Mit großer Wahrscheinlichkeit wirst du erkennen, dass gewisse Beschäftigungen dich zeitlich stärker beanspruchen, als du ursprünglich geplant hattest. Wenn du deine ganz persönlichen Zeitdiebe ausfindig gemacht hast, stell dir anschließend die Frage, welche du in Zukunft entbehren kannst: Muss ich an einem Tag, der ohnehin schon anstrengend ist, wirklich noch staubsaugen? Könnte ich die halbe Stunde nach dem Mittagessen, in der ich gedankenverloren Facebook und Instagram durchforste, nicht für etwas Sinnvolleres wie eine Entspannungsübung oder ein nettes Gespräch verwenden? Genau zu wissen, welche Dinge du unterlassen willst, weil sie an dem Tag nicht die oberste Priorität haben, kann dir dabei helfen, Zeitressourcen für dich und deine Regeneration freizuschaufeln. Du lernst dabei, die wichtigen von den weniger wichtigen Aufgaben zu unterscheiden, produktiver zu arbeiten und Kräfte zu sparen.

Neinsagen für Dummies

Gehörst auch du zum Team der „Ja-Sager"? Zur großen Gruppe von Menschen, die sich regelmäßig davon überrollen lassen, was andere von ihnen verlangen und erwarten? Dieser fehlenden Abgrenzungsfähigkeit liegt meist ein fatales Missverständnis zugrunde. Ja-Sager glauben, dass sie respektiert und wertgeschätzt werden, wenn sie es nur immer allen recht machen. Leider ist dem nicht so. Vielleicht erinnerst du dich noch daran, was ich im Kapitel „Die Wahrheit über Stress und Burnout" (siehe S. 34) über die Wertschätzung von Leistungen, die als selbstverständlich angesehen werden, geschrieben habe? Nun, sie existiert quasi gar nicht oder nur sehr spärlich. Wer sich permanent aufopfert und ins Zeug legt, um alle Leute um sich herum zufriedenzustellen, wird immer die Person sein, auf die sich alle verlassen und auf der alles abgeladen wird; die Person, von der grundsätzlich nur Höchstleistungen erwartet und abverlangt werden, während Lob und Anerkennung gerne auf sich warten lassen. Sie sind nämlich jenen Menschen vorbehalten, die sich abgrenzen und auch mal auf sich selbst schauen können. So absurd es auch klingen mag, aber wenn solche Leute dann mal Überstunden machen oder Extraaufgaben übernehmen, wird ihnen das in der Regel hoch angerechnet – weil es eben nicht selbstverständlich ist. Weil sie es nicht jederzeit freiwillig tun, um zu beeindrucken und anderen gerecht zu werden. Von diesem Wertschätzungs-Paradox können viele Hausfrauen und -männer förmlich ein Lied singen. Tagtäglich rackern sie sich ab, schmeißen den Haushalt, organisieren Abläufe und halten ihren Familien den Rücken frei. Doch dafür werden sie im Allgemeinen weder finanziell noch emotional ausreichend honoriert. Meistens bemerken ihre Partner und Kinder den Wert ihres unermüdlichen Einsatzes erst, wenn sie,

aus welchen Gründen auch immer, mal ausfallen und die Arbeit liegen bleibt. Ich finde, das sind an sich schon eine Menge Gründe, um dich in Abgrenzung zu üben. Das Mehr an Zeit und die Reduktion von Stressgefühlen reihen sich in die lange Liste der Vorteile ein. Deine Aufgabe besteht also darin, vom typischen Verhalten eines Ja-Sagers wegzukommen. Und was eignet sich da besser, als genau das Gegenteil zu tun und öfter mal Nein zu sagen? Beginne erst mal ganz klein: Sag einmal pro Woche ganz bewusst Nein zu einer Bitte oder einer Forderung, die dir gerade nicht in den Kram passt, die du im Normalfall aber mit Ja beantwortet hättest. Bezieh klar und deutlich deine Stellung, auch wenn du anfangs ein schlechtes Gewissen hast oder Schuldgefühle in dir aufsteigen spürst. Falls nötig, kannst du deine Entscheidung (kurz und bündig) erklären, achte aber unbedingt darauf, dich nicht zu rechtfertigen! Machst du das, verliert dein Nein an Durchschlagskraft und wirkt bestenfalls halbherzig. Dann ist die Chance größer, dass du dich doch wieder überreden lässt und schlussendlich aus dem Nein ein Ja wird.

Merke dir: Nein ist ein ganzer Satz und muss nicht erklärt werden! Halte dir immer vor Augen: Das Nein zu anderen ist in erster Linie ein Ja zu dir selbst. Und dieses Ja ist absolut notwendig, um deine kostbare Zeit bestmöglich verwalten und nutzen zu können.

> Das **NEIN** zu anderen ist in erster Linie ein Ja zu dir selbst.

Entspannung allein ist nicht genug

Wir haben bereits gehört, dass Selbstfürsorge in hohem Maße damit zu tun hat, wie gut wir uns spüren und wie ernst wir unsere Bedürfnisse nehmen. Wenn der Alltag uns stark beansprucht und wir gestresst und belastet sind, streben wir meist nach Ruhe und Entspannung. Das ist in vielen Fällen durchaus sinnvoll, allerdings bedeutet Entspannung nicht zwangsläufig auch Erholung.

Ich möchte dir gern den Unterschied erklären: Entspannung ist ein Zustand geringer psychophysischer Aktivierung und Gelöstheit. Bei Erholung geht es hingegen vielmehr darum, die eigenen Kräfte zu erneuern und den Organismus zurück in die Balance zu bringen. Wenn du dir nach einer stressigen Woche etwas Gutes tun willst und es dir zwei Tage lang mit einer Tüte Chips vor dem Fernseher gemütlich machst, kann es sein, dass du am Ende völlig entspannt und doch nicht erholt bist. Umgekehrt kann dich zum Beispiel Gartenarbeit oder Bewegung in der Natur körperlich und mental fordern, gleichzeitig aber auch erholende und regenerative Effekte haben.

Nicht immer gehen Entspannung und Erholung also Hand in Hand. Diese Tatsache sollten wir bei der Planung unserer freien Zeit unbedingt berücksichtigen. Ich persönlich bin ein großer Fan von gezielten Entspannungsübungen wie der Progressiven Muskelentspannung nach Jacobson, dem Autogenen Training oder verschiedenen Arten von Meditation. Immer wieder erfahre ich jedoch in Gesprächen und Diskussionsrunden, dass viele Menschen diese Form der systematischen Entspannung als unwirksam oder gar stressend empfinden. Für sie stellen solche Trainings nichts weiter dar als Extra-Termine im Kalender und eine zusätzliche Beanspruchung ihrer ohnehin spärlich vorhandenen Kräfte. Erholsamer wäre es, immer wieder aufs Neue herauszufinden, was einem gerade guttun würde und genau dieser Tätigkeit nachzugehen. Manchmal wollen wir uns auspowern und bewegen, manchmal entspannen und relaxen. Es gibt Tage, da wollen wir alleine mit unseren Gedanken sein, und andere, da möchten wir uns mitteilen und suchen das Gespräch. Was wir brauchen und wann wir es brauchen, hängt, wie wir bereits gehört haben, von vielen Faktoren ab und kann von Tag zu Tag unterschiedlich sein. Unseren Körper dürfen wir hier wie immer als unseren erfahrensten Führer und

ENT- SPANNUNG ist nicht gleich ERHOLUNG.

wohlwollendsten Ratgeber betrachten. Er zeigt uns immer den richtigen Weg und bringt uns zurück auf die Spur, wenn wir im Begriff sind, eine falsche Richtung einzuschlagen. Selbstliebe bedeutet also nicht nur, sich auszuruhen, sobald man spürt, dass man müde ist. Vielmehr geht es darum, sich selbst zu „beeltern", also eine aufmerksame Mutter und ein fürsorglicher Vater für unsere inneren Bedürfnisse zu sein.

Die große Wirkung kleiner Pausen

„Wenn du es eilig hast, gehe langsamer. Wenn du es noch eiliger hast, mache einen Umweg." Diese alte japanische Weisheit mag sich zwar klug anhören, jedoch ziehen wahrscheinlich die wenigsten von uns ernsthaft in Erwägung, sich extra Zeit zu lassen, wenn ohnehin schon alles drunter und drüber geht. Doch genau das sind die Situationen und Momente, in denen wir die kleinen, über den Tag verteilten Verschnaufpausen und Auszeiten am meisten brauchen. Gerade in Eile, unter Druck und im Glauben, durcharbeiten zu müssen, um alles fertigzukriegen, solltest du öfter mal innehalten und bewusst eine Pause einlegen. Und das am besten schon, bevor du müde wirst oder dich völlig entkräftet fühlst. Du wirst überrascht sein, wie sehr sowohl deine Produktivität als auch deine Konzentration und dein Wohlbefinden davon profitieren werden. Du schonst deinen Energiehaushalt, sparst Kräfte und nach der Arbeit brauchst du weniger Zeit, um dich von den Belastungen des Tages zu regenerieren. Pausen sind also keine Zeitfresser, sondern helfen dir, fit und leistungsfähig zu bleiben. Zudem sind sie wahre Motivations-Booster und bringen frischen Wind in den Arbeitsalltag. Mache es also lieber nicht wie der Holzfäller in der folgenden Geschichte:

Wenn du es eilig hast, **GEHE LANGSAMER.**

Ein Mann spaziert durch den Wald und trifft auf einen Waldarbeiter, der gerade eifrig dabei ist, einen Baumstamm zu zersägen. Diese Arbeit scheint ihm große Mühe zu bereiten, denn er schwitzt und stöhnt, was das Zeug hält. Als der Spaziergänger näher herantritt, fällt ihm die völlig stumpfe Säge auf, die der Holzfäller benutzt. Da mischt er sich ein und ruft: „Guter Mann, Ihre Säge ist ja ganz stumpf! Kein Wunder, dass Ihnen die Arbeit schwer von der Hand geht. Warum schärfen Sie sie denn nicht?" Da entgegnet der Holzfäller ohne aufzusehen: „Dazu habe ich keine Zeit, ich muss doch sägen!"

Ich glaube, es wäre nicht nur für den Holzfäller, sondern auch für dich (und für uns alle!) eine gute Idee, von Zeit zu Zeit „die Säge zu schärfen" und deinem Körper sowie deinem Geist etwas Ruhe und Erholung zu gönnen. Anschließend kannst du dann in alter Frische und mit neuer Energie wieder ans Werk gehen.

Drei Tipps für eine sinnvolle Pausengestaltung:

↘ **Halte dich an deinen Pausenplan!**

Auch Pausenmanagement will gelernt sein! Aus diesem Grund ist es sinnvoll, Auszeiten erst mal fix einzuplanen, da sie sonst oft zu spät kommen. Dass Pausen in regelmäßigen Abständen stattfinden, ist zudem ein wichtiger Faktor im Hinblick auf Erholung und Regeneration. Nimm dir alle 60–90 Minuten ein wenig Zeit (ein paar Minuten reichen oft schon aus) nur für dich und übe dich in Disziplin bei der Einhaltung dieser Routine. Das Ergebnis wird für sich sprechen. Mehrere kurze Pausen sind übrigens besser als eine lange.

↘ **Setze Auszeiten früh genug an**

Vorbeugen ist besser als heilen, das gilt auch für Stress und Erschöpfungszustände. Deshalb sollten Pausen immer früh genug eingelegt werden, und zwar dann, wenn du dich noch munter fühlst. Nur so kannst du sicherstellen, dass das auch lange so bleibt. Vor allem bei mentaler Arbeit ist es wichtig, zwischendurch zu pausieren, bevor Ermüdungserscheinungen auftreten. Du kannst abwechselnd sowohl aktive Pausen machen, in denen du dich bewegst, als auch passive Pausen, in denen du entspannst. Allerdings solltest du darauf achten, hin und wieder deinen Arbeitsplatz zu verlassen und in einen anderen Raum zu gehen. Diese Abwechslung sorgt für den nötigen Ausgleich und bringt das Gehirn in Schwung.

Kompensiere den hohen Arbeitsaufwand mit VIELEN KLEINEN PAUSEN.

↘ **Viel zu erledigen = viele Pausen**
Du darfst den Satz „Ich habe so viel zu tun und deshalb keine Zeit für eine Pause" getrost aus deinem Vokabular streichen und kannst dich stattdessen an diesem alten Zen-Sprichwort orientieren: „Meditiere jeden Tag 20 Minuten. Außer du hast keine Zeit dafür. Dann solltest du eine Stunde meditieren." Da wir bereits gehört haben, dass Meditation zwar eine tolle Praktik, aber leider nicht jedermanns Sache ist, nehmen wir die Kernaussage des Zitats und wenden es auf die Gestaltung von Auszeiten im Alltag an. Ganz nach dem Prinzip der bewusst gelebten Langsamkeit kannst du dem Stress die Stirn bieten, indem du den hohen Arbeitsaufwand mit vielen kleinen Pausen kompensierst. Je mehr du beansprucht wirst, umso dringender ist es nötig, gut auf dich und deine innere Balance zu achten und für Ausgleich zu sorgen. Eigentlich logisch oder?

Fasten mal anders
Wenn du Wein trinken möchtest, musst du in dein Glas auch Wein einschenken. Schenkst du Wasser ein, wirst du mit Sicherheit nicht in den Genuss des aromatischen Rebensaftes kommen. Genau so funktioniert auch deine Stresswahrnehmung. Ein simpler, aber ebenso effektiver Trick, um sie positiv zu beeinflussen, ist das Fasten von Wörtern und

Redewendungen, die in deinem Inneren Gefühle von Druck und Hektik entstehen lassen. Und so funktioniert diese Fastenkur der etwas anderen Art:

Du verzichtest für eine bestimmte Zeit auf bestimmte Wörter und Ausdrücke und benutzt stattdessen alternative Begriffe. Das große Ziel dabei ist es, sich den Gebrauch dieser stresserzeugenden Äußerungen schrittweise ganz abzugewöhnen. Dazu eignet sich eine vierwöchige Wortfastenkur, mit dem Verzicht auf jeweils ein Wort pro Woche.

Wortfasten

1. Woche: Du verzichtest auf das Wort „müssen".
Anstatt „Ich muss nachher einkaufen gehen"
kannst du denken/sagen:

„Ich gehe nachher einkaufen."

2. Woche: Du verzichtest auf das Wort „schnell".
Anstatt „Ich mache das hier noch schnell fertig"
kannst du denken/sagen:

„Ich bringe diese Aufgabe noch zu Ende."

3. Woche: Du verzichtest auf das Wort „sollen".
Anstatt „Ich sollte wirklich mal den Rasen mähen"
kannst du denken/sagen:

„Heute Nachmittag wird der Rasen gemäht."

4. Woche: Du verzichtest auf das Wort: „kurz".
Anstatt „Ich mache kurz Pause" kannst du denken/sagen:

> „Ich gehe jetzt in die Pause."

Indem du deine Sprache entschleunigst, lernt dein Unbewusstes, öfter mal einen Gang zurückzuschalten. Wenn es sich stimmig anfühlt, kannst du „ich muss" und „ich soll" auch mit „ich darf", „ich will", „ich möchte" oder „ich habe das Bedürfnis nach" ersetzen.

Es ist grundsätzlich auch hilfreich, den Fokus mal nicht auf die Aktivität (z. B. Essen kochen), sondern auf das dahinterliegende Bedürfnis (in diesem Fall eine leckere, nahrhafte Mahlzeit) zu richten: „Ich muss jetzt das Mittagessen kochen" vs. „Ich bereite eine leckere, nahrhafte Mahlzeit für mich und meine Familie vor". Dieser Perspektivenwechsel kann die gefühlte Unlust oder gar Abneigung gegenüber der Erledigung von nervigen Pflichten und ungeliebten Aufgaben massiv entschärfen. Schon Friedrich Nietzsche setzte sich mit dieser Form der Sinnstiftung auseinander und schrieb: „Wer ein Warum hat, erträgt fast jedes Wie." Wenn du dich also damit auseinandersetzt, warum du etwas machst, und dich darauf konzentrierst, dann fällt dir die Aufgabe selbst mit großer Wahrscheinlichkeit um einiges leichter, weil du im Zuge dessen deinen inneren Widerstand verringerst oder ihn bestenfalls ganz aufgibst.

Richte deinen Fokus nicht auf die Aktivität, sondern auf das dahinterliegende Bedürfnis.

Was Achtsamkeit nicht ist

Wer sich intensiv mit Stressbewältigung und Selbstfürsorge beschäftigt, kommt um das Thema Achtsamkeit nicht herum. In den letzten Jahren hat diese angeblich ganz besondere Form von Aufmerksamkeit großen Aufwind bekommen und ist in einschlägigen Medien nach wie vor sehr präsent. Leider mit dem Ergebnis, dass viele Menschen aufgrund dieser ständigen Konfrontation keine Lust mehr haben, sich mit der Thematik auseinanderzusetzen. Darüber hinaus gibt es eine ganze Reihe von Mythen, die sich um die viel gepriesene Achtsamkeit ranken. Bevor ich also näher darauf eingehe, was Achtsamkeit ist und wie du sie dir zunutze machen kannst, sollten wir erst mal über die „wilden Thesen" reden, die diesbezüglich im Umlauf sind und nicht der Wahrheit entsprechen.

Achtsamkeit (engl. „Mindfulness"):
- ist kein „Konzept", das jemand erfunden hat;
- gehört nicht in die esoterische Ecke;
- ist keine Therapiemethode zur Behandlung von psychischen Störungen;
- hat nichts mit Religion zu tun;
- eignet sich nicht nur für Menschen, die Meditation und Spiritualität mögen;
- ist leider auch kein Wundermittel.

Jetzt weißt du also schon einmal, was Achtsamkeit nicht ist. Nachfolgend erkläre ich die verschiedenen „Säulen der Achtsamkeit". Sie sollen dir ein möglichst präzises Bild davon vermitteln, worum es dabei wirklich geht.

Leben im Hier und Jetzt

Unsere Gedanken verhalten sich in der Regel wie Zeitreisende. Sie verweilen selten in der Gegenwart. Viel lieber hängen sie irgendwo in der Vergangenheit fest oder fliegen in die Zukunft. Einerseits grübeln wir über Dinge nach, die längst vorbei sind; andererseits denken wir schon an die nächste und übernächste Aufgabe, während wir noch die erste Sache erledigen. Weil sie nicht bei sich selbst, sondern immer irgendwo im Außen sind, kommen viele von uns nie richtig zur Ruhe. Dabei ist die Konzentration auf das Hier und Jetzt ein ganz natürlicher Zustand, der allen Menschen in die Wiege gelegt und im Laufe der Jahre leider verlernt wurde.

Ich rate jedem, der sich für Achtsamkeit interessiert, bei der nächsten Gelegenheit Kinder beim gemeinsamen Spielen zu beobachten. Sie sind die besten Achtsamkeitslehrer, die es gibt. Wenn Kinder spielen, dann spielen sie. Sie schauen nicht auf die Uhr und denken: „Mir bleibt noch eine halbe Stunde Zeit zum Spielen, bis ich dann essen, Zähne putzen und ins Bett gehen muss. Ach ja, die Hausaufgabe müsste auch noch kontrolliert und die Schultasche für morgen gepackt werden." Kinder versinken geradezu in der Gegenwart und kosten somit jeden Moment voll aus. Sie erfassen die Zeit in ihrer einzigartigen Qualität ganz anders und vor allem viel intensiver als wir Erwachsenen. Wie du siehst, ist Achtsamkeit kein künstliches Konzept, das erst ganz neu gelernt werden muss. Wir alle besitzen die Fähigkeit achtsam zu sein und uns auf das zu konzentrieren, was jetzt gerade ist und was wir im gegenwärtigen Augenblick fühlen. Wir müssen sie lediglich wiedererwecken und durch entsprechende Übungen etwas auffrischen.

Von diesem Leitsatz, immer einen Fuß vor den nächsten zu setzen und von Aufgabe zu Aufgabe zu leben, profitiert nicht nur unser

Setze **EINEN FUSS VOR DEN NÄCHSTEN** *und lebe von Aufgabe zu Aufgabe.*

Wohlbefinden, sondern auch unsere Leistung. Diese Erfahrung mache ich regelmäßig bei der Vorbereitung von Kursen und Seminaren. Vor Kurzem wurde ich als Referentin für die Durchführung einer zweitägigen Fortbildung gebucht. Es war das erste Mal, dass ich ein ganzes Kurswochenende alleine abhielt. Als ich mich an die Planung machte, spukte mir zu Beginn ständig der Gedanke durch den Kopf, ich müsse zweimal sieben Stunden Seminarzeit mit interessanten und ansprechenden Inhalten füllen. Ich orientierte mich am sogenannten „großen Berg", der die Gesamtheit der Aufgabe ausmacht, und kam (oh Wunder!) nicht wirklich weiter. Der Versuch, bereits anfänglich das große Ganze zu überblicken, erdrückte mich, weil das in jener frühen Phase der Vorbereitung noch gar nicht möglich war. So begann ich mit dem ersten Themenbereich, und während ich meiner Kreativität freien Lauf ließ, ergab sich eine tolle Überleitung zu weiteren inhaltlich passenden Themen und entsprechenden Übungen. Während ich also eins nach dem anderen ausarbeitete, gelangte ich in einen angenehmen Flow-Zustand. Plötzlich ging mir die Arbeit leicht von der Hand, weil ich nicht mehr den großen angsteinflößenden Berg vor mir sah, von dem ich anfangs nicht wusste, wie ich ihn jemals bezwingen sollte. Ohne es zu wissen, praktizierte ich Achtsamkeit, indem ich (bildlich gesprochen) immer nur so weit ging, wie ich sehen konnte, und darauf vertraute, dass ich dort ankommen und dann weitersehen würde.

Folgendes Gedicht soll auch dich dazu inspirieren, dein Leben künftig mehr am Hier und Jetzt auszurichten:

ACHTE GUT AUF DIESEN TAG

Achte gut auf diesen Tag,
denn er ist das Leben –
das Leben allen Lebens.
In seinem kurzen Ablauf
liegt alle Wirklichkeit
und Wahrheit des Daseins,
die Wonne des Wachsens,
die Größe der Tat,
die Herrlichkeit der Kraft.

Denn das Gestern
ist nichts als ein Traum
und das Morgen nur eine Vision.
Das Heute jedoch – recht gelebt –
macht jedes Gestern
zu einem Traum voller Glück
und jedes Morgen zu einer Vision voller Hoffnung.

Darum achte gut auf diesen Tag.

Dschalal ad-Din Muhammad Rumi (1207–1273)
Persischer Dichter und Gelehrter

In der Gegenwart zu leben, bedeutet auch, sich regelmäßig an den kleinen Glücksmomenten des Alltags zu erfreuen. Aus Momenten und Augenblicken besteht nämlich unser Dasein, und genau diese Momente und Augenblicke sind es, die uns letztendlich durchs Leben tragen. Der freundliche Gruß von der Postbotin, die kleine Pause im Freien, ein lieb gemeintes Kompliment, Nachmittagskaffee, ein spannendes Buch, die nette Plauderei mit dem Nachbarn, das Lieblingsessen zu Mittag usw. Das sind die Dinge, die unser Leben lebenswert machen.

Freue dich über die kleinen **GLÜCKS-MOMENTE** *des Alltags.*

Ein großes Ziel zu erreichen, wofür man lange und hart gearbeitet hat, ist ein schönes Gefühl, keine Frage! Aber letztendlich ist es doch auch nur ein einziger Moment. Als der ehemalige österreichische Skirennläufer Marcel Hirscher nach einer herausragenden Saison und dem Gewinn des Gesamtweltcups gefragt wurde, was er denn morgen mache, antwortete er unbeeindruckt: „Morgen beginne ich mit den Vorbereitungen für die nächste Saison." Ja, so ist das mit dem Leben. Es passiert, während wir dabei sind, Pläne zu schmieden und auf die großen Meilensteine hinzuarbeiten. Der Weg ist das Ziel und auf diesem Weg sollten wir so viel Freude und positive Gefühle mitnehmen wie irgend möglich. Schon Wilhelm Busch wusste, dass das Glück oft durch die Aufmerksamkeit auf die kleinen Dinge, Unglück hingegen oft durch die Vernachlässigung kleiner Dinge entsteht. Das sollten wir uns viel öfter zu Herzen nehmen.

Beobachten statt bewerten

Alles, was wir sehen und hören, wird im Normalfall direkt und unmittelbar von uns bewertet. In aller Regel bilden wir uns zu jeder Situation und jedem Zustand sofort eine Meinung. Dieser Prozess läuft automatisch ab. Wir entscheiden intuitiv, ob uns etwas gefällt oder nicht und ob es uns gerade passt oder nicht. Grundsätzlich ist dieser Vorgang sehr nützlich, denn er hilft uns, die Welt zu verstehen und sowohl Situationen als auch Ereignisse richtig einzuordnen. Dadurch wird es uns möglich, adäquat reagieren zu können. Dieses sofortige Bewerten ist jedoch nicht immer sinnvoll und kann auch Nachteile mit sich bringen, denn bei der reinen Beurteilung bleibt es meist nicht. Damit verbunden ist immer auch eine Erwartungshaltung. Diese kann belastend werden; insbesondere dann, wenn die Erwartung, die wir hegen, nicht erfüllt wird. Ein bedeutender US-amerikanischer Psychologe namens Carl Rogers schrieb schon im Jahr 1961, dass „alle Tatsachen grundsätzlich freundlich sind". Er war der Meinung, erst unsere Bewertung würde aus einer Tatsache ein Problem machen. Achtsam zu sein, bedeutet also, die Geschehnisse erst

ACHTSAM ZU SEIN, bedeutet, die Geschehnisse erst mal neutral zu betrachten.

mal neutral zu betrachten. Das gilt für alles, was um uns herum passiert, aber auch für unsere inneren Vorgänge. Du kannst zum Beispiel wahrnehmen, dass du heute müde bist und diese Beobachtung einfach so stehen lassen, ohne sie direkt mit etwas Negativem zu assoziieren. Natürlich heißt das nicht, du darfst nichts gegen deine Müdigkeit unternehmen. Lernst du aber zu beobachten, ohne zu bewerten, sparst du dir eine Menge Energie, wirst gelassener und resistenter gegen Stress.

Fitnesstraining für den Geist

Durch gezieltes Achtsamkeitstraining lernen wir, unsere Aufmerksamkeit besser kontrollieren zu können. Wir lenken sie dabei entweder nach innen und konzentrieren uns beispielsweise auf den Atem oder den Muskeltonus oder wir richten sie nach außen auf einen Vorgang oder ein Objekt. Diese Art zu üben, kann man durchaus mit Fitnesstraining für den Geist vergleichen. Beim körperlichen Krafttraining wächst die Muskulatur, indem sie abwechselnd immer wieder angespannt und entspannt wird. Genauso funktioniert auch das Training unserer Aufmerksamkeit. Sobald wir sie auf etwas ganz Bestimmtes lenken, wird der „mentale Muskel" angespannt. Doch da unser Gehirn Action will, ist es immer auf der Suche nach etwas Neuem und Spannendem. Nach relativ kurzer Zeit werden wir also abschweifen und an etwas ganz anderes denken, zum Beispiel an die Frage, was es zum Abendessen gibt. Das ist ein ganz normaler Vorgang und entspricht dem „Entspannen" des mentalen Muskels. Genauso wie beim körperlichen Fitnesstraining geht es also darum, den Muskel immer wieder anzuspannen und die Aufmerksamkeit zurückzuholen.

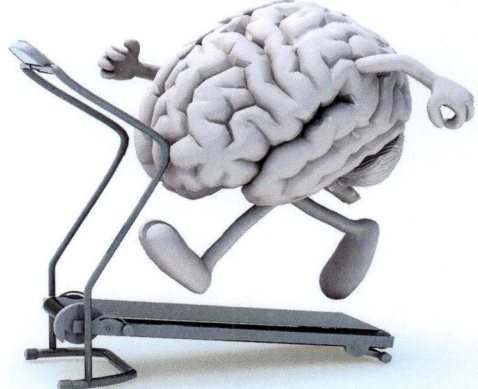

Freundlichkeit und Nachsicht mit sich selbst

Ein weiteres, wichtiges Element der Achtsamkeit ist unsere innere Haltung, sowohl im Alltag als auch während wir Achtsamkeitsübungen machen. Begegnen wir uns selbst freundlich und holen wir unsere Aufmerksamkeit sanft in das Hier und Jetzt zurück, dann unterstützen wir uns selbst am meisten. Und auch wenn unsere Gedanken zum wiederholten Male abgeschweift sind, müssen wir uns dafür nicht verurteilen oder maßregeln. Das würde übrigens auch gar nichts bringen, denn je mehr Druck wir auf uns selbst ausüben, umso weniger wird unser Geist uns gehorchen. So ist es auch im Alltag: Wollen wir beispielsweise unbedingt vermeiden, einen Fehler zu machen, erhöht sich die

Wahrscheinlichkeit, dass uns genau dieser Fehler passiert. Wollen wir üben, achtsam zu sein, können wir wertfrei zur Kenntnis nehmen, dass wir nicht mehr bei der Sache sind und unsere Aufmerksamkeit wieder auf das zurücklenken, was gerade wichtig ist.

Freundlich mit uns selbst zu sein, bedeutet auch, unser ganz individuelles Tempo, mit dem wir den Herausforderungen des Lebens begegnen, anzuerkennen und zu respektieren. Schneller geht natürlich immer, aber es stellt sich die Frage, ob das denn wirklich Sinn macht. Es eilig zu haben und gehetzt zu sein, ist ja bekanntlich schwer in Mode, aber ist diese künstliche Beschleunigung wirklich nötig, um sich in dieser Welt zurechtzufinden? Bleibt dann nicht zwangsläufig etwas anderes auf der Strecke? Vielleicht bringt die folgende kleine Erzählung aus Indien etwas Licht ins Dunkel:

Eine achtsame Lebensweise kann vielfältige **POSITIVE AUSWIRKUNGEN** *auf unsere mentale und körperliche Gesundheit haben.*

Ein europäisches Forschungsteam begab sich auf eine Expedition nach Indien und heuerte für ihr Vorhaben mehrere einheimische Träger an. Die Europäer waren in großer Eile und wollten schnellstmöglich an ihr Ziel kommen. Nachdem die Gruppe bereits ein gutes Stück gelaufen war, legten sie eine Pause ein. Aber schon bald riefen die Forscher wieder zum Aufbruch. Die Träger allerdings rührten sich nicht und blieben einfach sitzen. Als die Forscher sie abermals aufforderten weiterzugehen, blickten diese erstaunt um sich. Schließlich sagte einer: „Wir können nicht weitergehen. Wir müssen erst warten, bis unsere Seele nachgekommen ist."

Nun, wie oft wartest du in der Hektik des Alltags, bis deine Seele nachgekommen ist? Erlaubst du dir, die Dinge in einem für dich angemessenen Tempo zu erledigen? Oder orientierst du dich an dem, was andere (vermeintlich) alles schaffen und leisten? Freundlich und nachsichtig mit dir selbst bist du dann, wenn du dich in deiner Einzigartigkeit akzeptierst und anerkennst, dass du dir nicht zwangsläufig jeden Schuh anziehen musst, der dir von der Gesellschaft hingestellt wird.

Eine achtsame Lebensweise kann vielfältige positive Auswirkungen auf unsere mentale und körperliche Gesundheit haben. Dies konnte in mehreren wissenschaftlichen Studien klar belegt werden. Achtsamkeitskurse werden in vielen Ländern von den Krankenkassen bezuschusst und in England haben bereits 370 Schulen „Mindfulness" als Pflichtfach eingeführt. Es spricht also einiges dafür, es selbst mal auszuprobieren! Ich habe dir dazu ein paar Übungen zusammengestellt.

Bewusst zu leben, kann man üben!

Achtsames Zuhören

Das Beste an dieser Übung: Sie benötigt keine Extrazeit und du kannst sie immer machen, wenn du dich im Gespräch mit einem anderen Menschen befindest. Meines Erachtens ist das, was wir hier achtsames Zuhören nennen, das wirklich wahrhaftige Zuhören, und ich finde, wir alle sollten es uns angewöhnen. Meistens hören wir ja eher hin anstatt zu. Während der andere redet, sind wir oft nicht richtig bei der Sache, weil wir mental schon vorbereiten, was wir drauf entgegnen wollen. Oft sind wir so damit beschäftigt, unseren eigenen Standpunkt zu vertreten, den anderen von etwas überzeugen zu wollen oder uns zu verteidigen, dass wir unseren Gesprächspartner und seine Belange ganz aus den Augen verlieren. In so einem Fall sind unsere Gedanken nicht im Hier und Jetzt, sondern schon einen Schritt weiter in der Zukunft. Diese Verschiebung erzeugt Stress und Frust. Du kannst also damit beginnen, deinem Gegenüber

Lass bei deinem nächsten Gespräch den anderen so lange reden, bis er von selbst aufhört.

wirklich zuzuhören, seine Worte zu erfassen, seine Ausdrucksweise auf dich wirken zu lassen und seine Sicht der Dinge nachzuvollziehen. Achte dabei auch auf die Körpersprache und die Atmosphäre, die entsteht, während der andere redet.

Übrigens: Redepausen (um kurz nachzudenken oder eine Information zu verarbeiten) sind ausdrücklich erlaubt! Auch wenn es dir anfangs vielleicht seltsam erscheint, solltest du versuchen, diese kurzen Momente der Stille auszuhalten, anstatt sie gleich wieder zu füllen. Auf diese Weise kannst du es schaffen, mehr bei dir zu bleiben. Eine tolle Nebenwirkung dieser Form des Zuhörens ist, dass wir unserem Gesprächspartner das Gefühl vermitteln, sowohl ihn als Person als auch seinen Standpunkt und seine Bedürfnisse zu berücksichtigen. Dadurch fühlt er sich „gesehen" und respektiert, was wiederum eine sehr gute Basis für einen tollen Austausch entstehen lässt. Lass also bei deinem nächsten Gespräch den anderen so lange reden, bis er von selbst aufhört. Versuche mit deiner Aufmerksamkeit bei dem zu bleiben, was dein Gesprächspartner dir gerade erzählt, und stelle deine eigenen Gedanken zurück. Bleib so lange im Dialog, bis du sicher bist, dein Gegenüber richtig verstanden zu haben und zu wissen, was ihm wichtig ist und was ihn bewegt.

Kraft für den mentalen Muskel

Bist du gewillt, mit Achtsamkeitstraining große Erfolge zu feiern, sollte diese Übung ein fixer Bestandteil deines Tagesablaufs werden. Du musst dafür etwa fünf bis zehn Minuten deiner Zeit investieren, und ich bin sicher, es wird sich lohnen. Such dir ein ruhiges Plätzchen, an dem du dich wohlfühlst und wo du für die Dauer der Übung nicht gestört wirst. Schließe deine Augen und konzentriere dich ganz auf deine Atmung. Du kannst dir einen Punkt in deinem Körper suchen, an dem du deinen Atem besonders gut fühlen kannst. Das kann beispielsweise die Nase sein oder auch die Bauchdecke, die sich hebt und senkt. Erlaube dir, deinen Atem nicht zu verändern und ihn in seinem ganz natürlichen Rhythmus laufen zu lassen, während du einfach beobachtest. Erinnere dich: Ein Richtig oder Falsch gibt es hier nicht! Wenn du merkst, dass die Gedanken abdriften oder du im Außen von etwas abgelenkt wirst (und das wird dir zu Beginn mit großer Wahrscheinlichkeit öfter passieren), kannst du das einfach zur Kenntnis nehmen und dich erneut auf das Ein- und Ausatmen konzentrieren. Du musst dich nicht ärgern, solltest du abschweifen. Es geht in dieser Übung schließlich darum, im Moment zu leben und sich die Stimmung nicht durch die eigenen negativen

> **LEBE IM MOMENT** und lasse dir nicht die Stimmung durch die eigenen negativen Bewertungen vermiesen.

Bewertungen vermiesen zu lassen. Jeder Gedanke darf kommen und dann auch wieder gehen. Aller Anfang ist schwer, aber wenn du fleißig übst, wird es schnell einfacher!

Singletasking oder das „Eins-nach-dem-anderen-Prinzip"
Das gleichzeitige Erledigen mehrerer Aufgaben, auch „Multitasking" genannt, wird uns heutzutage als die Kernkompetenz schlechthin verkauft. Frauen sollen sogar besonders gut im Multitasken sein, obwohl diese Behauptung aus wissenschaftlicher Sicht bisher nicht eindeutig belegt werden konnte. Wer einen Blick auf die Anforderungen wirft, die viele Arbeitsstellen mit sich bringen, dem wird schnell klar, warum die Fähigkeit, alles gleichzeitig zu tun, so erwünscht zu sein scheint: Man verspricht sich davon

ALLES ZU SEINER ZEIT!

sowohl eine höhere Produktivitätsrate als auch mehr Leistung und Effizienz. Doch genau das Gegenteil ist der Fall! In der Regel arbeiten wir langsamer und machen häufiger Fehler, wenn wir uns auf mehr als eine Sache konzentrieren müssen. Zudem verbraucht das ständige Umschalten zwischen den verschiedenen Aufgaben enorm viel Energie, da wir unseren Fokus am laufenden Band neu ausrichten und uns immer wieder neu auf das einstellen müssen, was wir gerade tun. Lediglich ein sehr kleiner Teil der Bevölkerung ist überhaupt Multitasking-fähig. Für alle anderen gilt: Eins nach dem anderen und alles zu seiner Zeit!

Als Gegenstück zum viel gepriesenen Multitasking kann man guten Gewissens die Achtsamkeit ins Feld führen und genau die wollen wir ja üben. Versuche, dich also im Alltag öfters darauf zu besinnen, eine Aufgabe abzuschließen, bevor du mit der nächsten beginnst. Kehre mit deiner Aufmerksamkeit wieder in den gegenwärtigen Moment zurück, wenn du merkst, deine Gedanken sind schon zum nächsten Punkt auf der To-do-Liste gewandert. Zum Schluss gibt es ein Zuckerl: Nimm dir nach jedem Abschluss einer Aufgabe eine kurze Auszeit (eine sogenannte „Mikropause" von einer bis zwei Minuten reicht meistens schon aus) und fülle sie mit etwas, von dem du spürst, es würde dir jetzt gerade guttun. Dieses kleine Ritual ist von fundamentaler Bedeutung, denn es signalisiert deinem Gehirn, dass du etwas geschafft und erfolgreich zu Ende gebracht hast. Im Anschluss kannst du dich dann, mit all deinen geistigen Kräften und neuem Elan, der nächsten Aufgabe zuwenden. Schon bald wirst du feststellen: Dein Energiepegel ist konstanter und deine Arbeitsleistung verbessert sich.

Bist du Multitasking-fähig? Mache den Test!
Bei diesem Test erledigst du die gleiche Aufgabe in zwei Varianten!
↘ Variante 1 (Singletasking):
Nimm ein Blatt Papier und schreibe das Wort GLÜCKLICHSEIN, die Zahlen von 1 bis 13 und die Buchstaben von A bis M untereinander auf.

> GLÜCKLICHSEIN
> 1 2 3 4 5 6 7 8 9 10 11 12 13
> A B C D E F G H I J K L M

Stoppe dabei die Zeit, die du insgesamt benötigst, und achte darauf, ob und wenn ja, wie viele Fehler dir bei dieser Aufgabe unterlaufen sind.

↘ Variante 2 (Multitasking):
Jetzt machst du genau dasselbe, nur nicht hintereinander, sondern gleichzeitig! Du beginnst mit dem Wort, gehst über zu den Zahlen und dann zu den Buchstaben. Anschließend machst du wieder weiter beim Wort und arbeitest dich auf diese Weise durch die Aufgabe. Schreibe also erst das G, dann die 1, dann das A usw.
Stoppe ebenfalls die Zeit, die du insgesamt benötigst, und zähle die Fehler, die dir eventuell unterlaufen sind. Vergleiche anschließend das Ergebnis mit dem Ergebnis aus Variante 1. Überlege auch, wie du dich während der Ausführung der beiden Aufgaben jeweils gefühlt hast. Warst du gelassen oder gestresst? Konzentriert oder abgelenkt? Welche der beiden Aufgaben ging dir (unabhängig vom Ergebnis) leichter von der Hand? Aus dem Vergleich der beiden Endergebnisse und der Antworten auf diese Fragen erhältst du einen Eindruck davon, welche Arbeitsform dir besser liegt.

DER FLOW-ZUSTAND: WENN GENUSS UND PRODUKTIVITÄT HAND IN HAND GEHEN

Der Begriff „Flow" kommt aus dem Englischen und bedeutet so viel wie „fließen" oder „strömen". Er wurde in den 1970er-Jahren vom ungarischen Psychologieprofessor Mihály Csíkszentmihályi geprägt, der das Flow-Konzept erstmals intensiv erforschte. Er ging dabei von der Annahme aus, dass die schönsten und glücklichsten Momente in unserem Leben nicht diejenigen sind, in denen wir entspannt die Füße hochlegen, sondern sich vielmehr aus Situationen ergeben, in denen wir produktiv sind, Leistung bringen und uns gleichzeitig ausgefüllt, gelassen und rundum pudelwohl fühlen. Um diesen tollen und überaus erstrebenswerten Zustand detailliert beschreiben zu können, definierte der Mann mit dem schwierig auszusprechenden Namen folgende Merkmale:

Konzentration
Die ungeteilte Aufmerksamkeit auf eine Sache oder Konzentration auf eine Tätigkeit stellt sich automatisch ein. Wer allerdings krampfhaft versucht, sich zu konzentrieren, hat keine Chance auf ein Flow-Erlebnis.

Das Gefühl, alles im Griff zu haben
Auch das Gefühl von Sicherheit und Kontrolle stellt sich im Flow-Zustand von selbst ein. Man weiß, was man zu tun hat, und fühlt sich der Aufgabe gut gewachsen.

Völliges Aufgehen in dem, was man gerade tut
Man ist voll präsent, befindet sich mit den Gedanken ganz im Hier und Jetzt, und es kann vorkommen, dass man alles um sich herum ausblendet.

Verlust des Zeitgefühls
Während man im Fluss ist, kann die Zeit entweder sehr schnell vergehen oder sich gefühlt ausdehnen. Es lässt sich schwer einschätzen, wie viel Zeit seit Beginn der Tätigkeit vergangen ist.

Intrinsische Motivation
Die Aktivität selbst schafft Erfüllung, Freude und Zufriedenheit und nicht erst die Aussicht auf Lob, Status oder finanzielle Entlohnung, die man sich dadurch erhofft.

Leichtigkeit/Mühelosigkeit
Ein Hauptmerkmal des Flow-Erlebens ist das subjektive Empfinden von Leichtigkeit und Mühelosigkeit, während man etwas tut. Anstatt sich den Kopf über die nächsten Schritte zu zerbrechen, handelt man intuitiv.

Realisierbare Aufgabe
Die Aufgabe sollte weder zu leicht noch zu schwer sein. Sie sollte zwar dazu herausfordern, die eigene Komfort-Zone zu verlassen, auf der anderen Seite aber nicht das Gefühl vermitteln, die eigenen Fähigkeiten und Ressourcen zu übersteigen.

Ein klares Ziel vor Augen
Bevor man eine Aufgabe beginnt, sollte man genau festlegen, was man erreichen möchte, und den Dingen anschließend so gut wie möglich ihren Lauf lassen. Wer sich zu viel auf das Endergebnis konzentriert, kommt eher nicht in den Flow-Zustand.

Ich habe in diesem Kapitel bereits darauf aufmerksam gemacht, dass Kinder in Sachen Achtsamkeit und Leben im Hier und Jetzt unsere großen Lehrmeister sind. Von ihnen können wir uns wahrlich eine ganze Menge abschauen. Auch ein intensiver

Flow-Zustand lässt sich bei Kindern häufig beobachten, während sie völlig in dem aufgehen, was sie gerade tun. Dabei erinnere ich mich lebhaft an eine solche Episode aus meiner eigenen Kindheit. Zusammen mit meinen Geschwistern, Cousinen und Nachbarskindern habe ich mir damals ein gruseliges Spiel mit dem Namen „Geisterbahn" ausgedacht. Jeweils eine*r von uns musste mit verschlossenen Augen durch ein leeres Gebäude laufen und die anderen ließen sich unheimliche Showeinlagen einfallen, um die*den Arme*n zu erschrecken – ganz so wie in einer echten Geisterbahn eben. Während wir also Pläne für die nächste „Fahrt" schmiedeten, furchterregende Manöver zusammenstellten und einen Heidenspaß hatten, vergaßen wir buchstäblich Zeit und Raum. Es war, als befänden wir uns innerlich in einem Paralleluniversum, und doch waren wir gleichzeitig so präsent und geistesgegenwärtig wie selten zuvor. Dafür verantwortlich war das Zusammenspiel der folgenden beiden Faktoren: Auf der einen Seite forderte das Spiel uns heraus und auf der anderen Seite gab es uns das Gefühl tiefer Zufriedenheit und Freude. Dabei wurde uns nie langweilig, weil es immer wieder etwas Neues zu entdecken gab und wir Kinder dadurch positiv aktiviert und motiviert wurden. Wir hätten also ewig weiterspielen können und wurden dabei nicht mal müde. Als es dunkel wurde, kamen unsere Eltern, um uns zu suchen, und brachten uns anschließend unter lautstarkem Protest nach Hause.

Natürlich lässt sich ein so intensiver Flow-Zustand im Alltag nicht erzwingen, und es gibt auch keine Garantie, dass er sich einstellt, wenn wir bestimmte Regeln befolgen. Trotzdem können wir versuchen, die bestmöglichen Voraussetzungen zu schaffen, um das Erleben von Flow zu fördern:

Verzichte auf Multitasking
Wer mehrere Sachen gleichzeitig erledigt, kann nicht voll in einer Tätigkeit aufgehen, weil die Aufmerksamkeit aufgeteilt werden muss. Konzentrierst du dich hingegen ganz auf deine aktuelle Aufgabe, ist die Wahrscheinlichkeit viel höher, in den produktiven und angenehmen Fluss zu kommen.

Reduziere Ablenkungen
Achte darauf, immer nur jene Unterlagen und/oder Gerätschaften in Sichtweite zu haben, die du für deine aktuelle Tätigkeit brauchst. Allein das stumme Blinken eines Mobiltelefons kann den Flow stören, weil es die Gedanken (wenn auch nur für einen kurzen Augenblick) von der eigentlichen Aufgabe weglenkt. Ein aufgeräumter, möglichst reizarmer Arbeitsplatz ist hier das Mittel der Wahl.

Definiere ein Ziel, bevor du mit der Aufgabe beginnst
Kaum etwas ist anstrengender, als zu arbeiten, ohne genau zu wissen, wo man eigentlich hin will und welches Endergebnis man erreichen möchte. Auf diese Art in den Flow zu kommen, ist so gut wie unmöglich. Überleg dir also gut, auf welches Ziel deine Bemühungen hinauslaufen sollen, und fokussiere dich anschließend komplett auf den Aufgabenprozess.

Frage dich, welche Motivation hinter deinem Handeln steckt
Das Vorhandensein von intrinsischer Motivation ist sozusagen die Mutter der langfristigen Zufriedenheit. Tätigkeiten, die nur aus externen Gründen wie Geld oder Anerkennung ausgeübt werden, gehen uns in der Regel schwerer von der Hand. Du solltest dir selbst also ganz ehrlich die Frage beantworten, warum du etwas wirklich tust. Vielleicht kannst du einen Arbeitsablauf so gestalten, dass seine Ausübung dir zusagt.

Achte auf dein Wohlbefinden
Stehst du gerade massiv unter Stress oder kämpfst du mit Leistungsdruck, stehen diese Gefühle deinem Flow-Erleben im Weg, denn eine der Voraussetzungen für sein Auftreten lautet: Herausforderung ja, Überforderung nein Kümmere dich also erst mal gut um dich selbst und achte auf deine Bedürfnisse. Je mehr du mit dir selbst im Reinen bist, umso leichter fällt es dir, voll und ganz in einer Tätigkeit aufzugehen.

Jetzt kennst du die vielen Facetten und Vorteile einer achtsamen Lebensweise. Sie werden dich auf deinem Weg zu einem glücklicheren und leichteren Lebensgefühl unterstützen. Doch Achtsamkeit und Selbstfürsorge beinhalten auch die Erlaubnis, Zeit und Kraft in unsere Träume und Visionen zu investieren. Das sind wir uns selbst schuldig! Im nächsten Kapitel geht es um den großen Irrtum des aufgeschobenen Lebens und wie du verhindern kannst, dass das „irgendwann" langsam, aber sicher zum getarnten „nie" wird.

Tu es jetzt, denn aus später wird meistens nie!

Das Leben auf später verschieben: Was erst mal seltsam, wenn nicht gar unmöglich klingt, ist tatsächlich ein äußerst prekäres Massenphänomen in unserer Gesellschaft.

Hand aufs Herz! Wer von uns hat noch nie einen der folgenden Gedankengänge gehabt:
- Wenn ich erst mal die Schule/das Studium fertig habe, dann ...
- Wenn ich endlich meine Traumfrau/meinen Traummann gefunden habe, dann ...
- Wenn ich genug Geld verdient habe, dann ...
- Wenn ich das Haus abbezahlt habe, dann ...
- Wenn die Kinder ausgezogen sind, dann ...
- Wenn ich in Rente bin, dann ...

Was dann? Die unbewusste Vollendung all dieser Sätze in unserer Vorstellung lautet:
- ... dann werde ich die Dinge tun, die ich schon immer tun wollte.
- ... dann werde ich mir alles gönnen, was mir bisher versagt geblieben ist.
- ... dann werde ich der Mensch sein, der ich immer sein wollte.
- ... und dann, ja dann werde ich endlich glücklich sein!

Was für ein Trugschluss! Und als ob wir nicht imstande wären, die einfachsten Dinge zu hinterfragen, gehen wir ihm alle tagtäglich auf den sprichwörtlichen Leim. Wie die Fliegen an der süßen Marmelade, kleben wir an diesem fatalen Denkfehler und meistens sogar, ohne es überhaupt zu bemerken.

So auch ich: Alle Jahre wieder spielt sich auf meinen hochsommerlichen Wandertouren ein und dasselbe tragische Szenario ab. Ich verbringe den Tag an einem idyllischen Bergsee in meiner Heimat, dem Ultental, und mache mich abends beschwingt und glücklich auf den Rückweg. Und plötzlich sehe ich sie. Tiefrot, rund und prall säumen sie den Wegrand: wunderbar leckere Walderdbeeren! Ganze Felder breiten sich vor mir aus, meine Augen strahlen, Erinnerungen aus längst vergangenen Kindertagen steigen auf. Ich gehe in die Knie, stecke mir eine Erdbeere in den Mund und genieße den fruchtig intensiven Geschmack auf meiner Zunge. Was für ein Glücksgefühl! Schon tauchen vor meinem inneren Auge die Bilder von all den Leckereien auf, die ich damit zaubern könnte. Ich bin in Hochstimmung, doch die Freude währt nicht lang. Einen Augenblick später schon die Ernüchterung: „Ich habe jetzt gar keine Zeit, die alle zu pflücken. Das dauert bestimmt zwei Stunden. Ich muss doch nach Hause, essen, duschen, die Wäsche aufhängen und alles für den morgigen Arbeitstag vorbereiten. Da wäre ich heute noch ewig auf den Beinen!" Meine Gedanken springen hin und her. Schlussendlich siegt die Erkenntnis, dass ich weitergehen muss. Um mich zu trösten, fasse ich allerdings den Entschluss, morgen oder übermorgen wiederzukommen, um diese heiß geliebten Schätzchen zu ernten. Ich könnte sogar mit dem Auto den Berg hochfahren und nur das letzte Stück dann zu Fuß gehen. Ja genau, so würde ich es machen.

Du ahnst schon, wie die Geschichte ausgeht: Ich kam nie zurück. Am Tag nach der Wanderung verblassen die Erinnerungen an gestern regelmäßig in einem nicht aufzuhaltenden Tempo und mein Vorsatz geht im Trubel und in den Anforderungen des Alltags unter. Jemand anderes kommt also Jahr für Jahr in den Genuss des Walderdbeer-Segens. Oder noch schlimmer: Die Früchte verderben, weil niemand sie pflückt;

> **WIR TENDIEREN** dazu, das Leben aufzuschieben und unseren Pflichten und Aufgaben den Vorzug zu geben.

weil niemand sich die Zeit nimmt, das Schöne und Wertvolle, das sich uns manchmal einfach so in den Weg legt, mitzunehmen. Wir tendieren stattdessen viel zu oft dazu, das Leben (ja das wahre Leben!) aufzuschieben und unseren ach so bedeutsamen Pflichten und Aufgaben den Vorzug zu geben.

Warum aber erzähle ich dir das alles? Ich teile diese Geschichte mit dir, weil sie eine überaus wichtige Lektion enthält und eine Botschaft vermittelt, die dein Leben verändern wird, wenn du ihr Einlass in dein Herz gewährst: Warte nicht auf den richtigen Moment! Du wirst ewig warten. Der richtige Zeitpunkt, der ideale Tag, der perfekte Moment, wie auch immer du es nennen magst – er wird nie kommen! Er ist heute, hier und jetzt. Du darfst ihn dazu machen. Schiebe niemals eine Freude auf! Du weißt nicht, ob sie je wiederkommt. Schon morgen kann alles anders sein. Vielleicht kannst oder willst du ein Vorhaben dann nicht mehr umsetzen und bist somit um eine wertvolle Erfahrung und eine schöne Erinnerung ärmer. Wenn das Leben ruft, lass es nicht warten.

Vernunft, Kontrolle und Absicherung sind nicht immer deine Freunde

Es ist doch so: Egal an welchem Punkt in unserem Leben wir gerade stehen, wir können immer noch ein bisschen mehr Geld verdienen, unser Konto aufstocken. Wir können noch ein paar teure Versicherungen abschließen und vernünftige Entscheidungen treffen, um uns und unser Gewissen zu beruhigen. Um nachts ein bisschen besser schlafen zu können, sind wir übervorsichtig und gaukeln uns selbst vor, die Dinge unter Kontrolle zu haben. Wir wollen glauben, wir hätten alles im Griff und seien der starke, vorausschauende Kapitän auf dem Schiff unseres Lebens. Wir wähnen uns in trügerischer Sicherheit, während aber genau dieses Leben, das wir so sehr absichern wollen, munter an uns vorbeizieht, uns einfach entgleitet, und bevor wir bis zehn zählen können, bereits auf und davon ist. Insgeheim machen wir uns vor, dass wir ewig auf dieser Welt sind. Wir verhalten uns so, als ob das Leben niemals enden würde und wir immer noch genug Zeit hätten, all unsere Träume Wirklichkeit werden zu lassen. Irgendwie, irgendwo, irgendwann.

Wir haben nicht ewig Zeit, um UNSERE TRÄUME zu verwirklichen.

Besonders berührend finde ich in diesem Zusammenhang das Schicksal von Apple-Mitgründer und IT-Pionier Steve Jobs (†2011). Am 14. Juni 2005, ein Jahr nach seiner niederschmetternden Krebsdiagnose, hielt er eine bewegende Rede vor Studenten der Stanford University in Kalifornien. Darin bezeichnete er den Tod als „beste Erfindung des Lebens". Denn erst als ihm bewusst wurde, er würde bald sterben, begann er wirklich zu leben: „Fast alles – alle äußeren Erwartungen, der ganze Stolz, die ganze Angst vor Beschämung und vor dem Versagen – diese Dinge fallen einfach weg, angesichts des Todes, und lassen nur übrig, was wirklich wichtig ist. Sich zu erinnern, dass man sterben wird, ist der beste Weg, den ich kenne, um der Falle zu entgehen und zu glauben, man hätte etwas zu verlieren. Du bist vollkommen nackt. Du hast keinen Grund, nicht deinem Herzen zu folgen."

Steve Jobs war ein Mann, der – von außen betrachtet – vieles von dem erreicht hatte, was in unserer Gesellschaft als erstrebenswert gilt. Er hatte Geld, Macht und hohes Ansehen. Und doch konnte ihm nichts von alledem seine Gesundheit zurückgeben oder gar sein Leben bewahren. Ausgerechnet dieser außergewöhnlich charakterstarke Mensch legt uns also nahe, nicht auf „äußere Werte" zu bauen. Er hält uns dazu an, statt all der vernünftigen Entscheidungen, die wir tagtäglich zu treffen glauben, uns einfach mal die Frage zu stellen, was wir wirklich brauchen, um glücklich und zufrieden zu sein. Ein äußerst kostbares Vermächtnis für uns alle. Steve Jobs hatte auf die harte Tour lernen müssen, dass Besitz, Einfluss und Prestige nichts als hypothetische  und von Menschen erfundene Konstrukte sind, deren Bedeutsamkeit für unser Leben massiv überschätzt wird. Die von Autor Thomas Sautner kreierte Figur „Oma Krystina" aus dem Roman „Großmutters Haus" nennt das Kind beim Namen, indem sie ihrer Enkelin ein Paket mit Geldscheinen schickt und dazu schreibt, es wären lediglich „ein paar Zettel mit ein paar Nullen drauf". Das trifft es doch ziemlich gut, finde ich. Diese „Zettel mit Nullen drauf" garantieren uns weder Glück noch Wohlbefinden, gewährleisten uns im Ernstfall nicht unsere Gesundheit und retten schon gar nicht unser Leben.

Und was ist mit den vernünftigen Entscheidungen? Da stellt sich die Frage, was „vernünftig" überhaupt bedeutet. Wer entscheidet, was „vernünftig" ist und was nicht? Unsere Eltern? Die Gesellschaft?

Der Papst? Gott? Es war ein Sonntag im Frühling, als ich erstmals diesem Gedanken nachhing. Ich war gerade dabei, mein Bett frisch zu beziehen, als mich das Gefühl überkam, das, was mir gerade durch den Kopf schoss, könnte von fundamentaler Bedeutung sein. Und was geschah? Sage und schreibe mehrere Minuten lang haderte ich innerlich mit mir selbst und mit der Frage, ob ich jetzt alles stehen und liegen lassen sollte, um mir Block und Stift zu schnappen und meine Gedanken festzuhalten; die Gedanken, aus denen später diese Zeilen und dieses Buch entstehen sollten. Wäre es nicht vernünftiger gewesen, erst die eine Aufgabe fertigzustellen, bevor man etwas Neues beginnt, anstatt alles durcheinanderzubringen? Hatte ich das nicht so gelernt? Predige ich es nicht selbst in meinen Achtsamkeitskursen, während ich über Multitasking rede? Fragen über Fragen. Fakt ist, ich habe damals auf mein Bauchgefühl gehört und es war die richtige Entscheidung. Natürlich schwöre ich weiterhin auf das Prinzip, eins nach dem anderen zu tun, aber wenn es sich gut anfühlt, muss man auch mal aus der Reihe tanzen dürfen! Das Leben ist kein Ponyhof, aber eine Zuchthengstfabrik ist es nun auch wieder nicht.

Zurück zu den gefühlt Millionen Risiken und Gefahren, die uns manchmal die Sicht auf das Wesentliche vernebeln. Die Wahrheit ist gleichermaßen bitter wie befreiend: So etwas wie Absicherung gibt es nicht. Sie ist eine Illusion. Sie ist sowohl Selbsttäuschung als auch Wunschvorstellung zugleich. Entstanden in unseren Köpfen und gefördert durch Leitbilder, die von der Gesellschaft an uns herangetragen werden. Sie ist ein Konstrukt unserer Wahrnehmung und vor allem unserer Ängste. Mit den Ängsten der Menschen lässt sich immerhin eine Menge Geld verdienen. Sie ist eine äußerst ertragreiche und nie versiegende Einnahmequelle.

Mit großer Wahrscheinlichkeit hast auch du schon in deine (finanzielle oder materielle) Sicherheit investiert. Ich spreche von Altersvorsorge,

Bausparverträgen, Lebensversicherungen usw. Die Liste ist lang, die Möglichkeiten schier unendlich. Du hast also darüber nachgedacht, was nicht passieren sollte, um im Falle eines Falles gewappnet zu sein. So weit, so gut. Ich allerdings lege dir ans Herz, dich auch mal mit folgenden Fragen zu beschäftigen:

↘ Wie viel hast du in deine Träume investiert?
↘ Hast du auch an das gedacht, was werden soll?
↘ Richtest du deine Energie auch auf die Dinge, die dich lebendig werden lassen?
↘ Oder bist du an dem Punkt hängen geblieben, wo es darum ging, Gefahren und Unglücke auszumachen und dich für den Ernstfall zu rüsten?

Merke dir: Das Leben lässt sich nicht beherrschen. Es lässt sich (manchmal) beeinflussen, aber niemals absichern. Eines lässt es sich jedoch immer: leben.

Ein treffendes Beispiel für diese Feststellung ist der Ausbruch der Corona-Pandemie im Jahr 2019. Sie traf die ganze Welt mit unglaublicher Wucht und stellte uns alle vor nie da gewesene Herausforderungen. Ausnahmen gab es keine. Selbst diejenigen unter uns, die Vorsicht und Vernunft als zweite Vornamen tragen könnten, waren nicht vorbereitet. Sie konnten es nicht sein, weil die Umstände es nicht zuließen. Die Pandemie zeigte uns, dass das Leben nicht dafür gemacht ist, bis ins letzte Detail durchgeplant zu werden. Vielmehr möchte es mit all seinen guten und schlechten Seiten, mit all seinen schönen und schwierigen Momenten angenommen, akzeptiert und gelebt werden. Zum Glück sind wir Menschen sehr wandelbare Wesen und haben die enorm wichtige Fähigkeit umzuschalten, wenn die Umstände es erfordern. Die österreichische Band Folkshilfe drückt es in einer Liedzeile so aus (Achtung Mundart!): „Des Leben mocht sowieso ... hier und do ... ob laut oder still ... des, wos es will." Genau aus diesem Grund führen Entscheidungen, die wir aus Angst und nicht aus Freude treffen, selten zum gewünschten Ergebnis.

Hör auf zu planen, fang an zu LEBEN!

Garantiert motiviert!
Was uns wirklich antreibt

Glück und Zufriedenheit stellen sich also nur ein, wenn unser Alltag auch mit Tätigkeiten gefüllt ist, die wir aus aufrichtiger innerer Motivation, sozusagen aus „Spaß an der Freude" tun. Es sind Dinge, die nicht nur deshalb getan werden müssen, weil sie einen bestimmten Zweck erfüllen (sollen). Langfristiges Wohlbefinden erlangen wir erst, sobald unsere alltäglichen Beschäftigungen uns innerlich ausfüllen und uns ein Gefühl der Lebendigkeit geben. Im Fachjargon spricht man von intrinsischer (innerer) und extrinsischer (äußerer) Motivation.

Die folgende Tabelle soll den Unterschied demonstrieren:

Du bist extrinsisch motiviert, wenn …	Du bist intrinsisch motiviert, wenn …
… deine Arbeit hauptsächlich dem finanziellen Zweck dient.	… deine Arbeit dich auch mit Freude und Zufriedenheit erfüllt.
… du sportlichen Aktivitäten nur deshalb nachgehst, weil du gesund und schlank bleiben oder werden willst.	… du spürst, dass Bewegung dir guttut und Spaß macht.
… du Dinge kaufst, um damit eine bestimmte Außenwirkung zu erzielen.	… deine Anschaffungen funktional für dich selbst sind.
… du unter „Freizeitstress" leidest und deine Auszeiten mit Tätigkeiten verbringst, von denen du glaubst, sie müssten einfach mal wieder getan werden.	… du deine Freizeit mit Tätigkeiten verbringst, auf die du jetzt gerade Lust hast und die positive Emotionen in dir hervorrufen.
… es dir ein Anliegen ist, dass deine Kleidung angepasst wirkt oder anderen gefällt.	… du das trägst, was dir selbst gefällt, und du dich nicht darum kümmerst, wie andere darüber denken.

Ich lege dir ans Herz, dich einmal intensiv mit der Frage zu beschäftigen, welche Dinge du wirklich aus innerer Motivation tust. In einem zweiten Schritt kannst du dir überlegen, wie sich dein Alltag mit möglichst vielen dieser wertvollen Aktivitäten anreichern lässt.

**Gedankenexperiment
„Die Grabrede"**

An dieser Stelle wird es Zeit für ein kleines (vielleicht etwas makabres, aber in jedem Fall aufschlussreiches) Gedankenexperiment. Stelle dir vor, du bist auf deiner eigenen Beerdigung. Deine Familie, Freunde und Bekannte sind anwesend und gleich wird jemand eine Rede über dein Leben halten. Was würde diese Person über dich sagen? Vielleicht: „Er war immer am längsten im Büro und hat die meisten Überstunden gemacht", „Sie war immer hübsch gestylt und ihre Wohnung war perfekt geputzt". Wie würde man dich am Ende deines Lebens beschreiben? Noch viel wichtiger ist jedoch die Frage, was du gerne hören würdest. Was soll von dir bleiben, wenn du gehst? Woran sollen die Menschen sich erinnern, wenn sie an dich zurückdenken? Lass dich auf dieses gedankliche Abenteuer ein und du wirst wertvolle Erkenntnisse über deine Werte und auch über deine innersten Wünsche gewinnen.

Wie du siehst, wirst du erst dann ein wirklich freier Mensch sein, wenn du dich ganz bewusst dafür entscheidest, immer und immer wieder. Und durchlebst du dann mal wieder Zeiten, in denen deine Verpflichtungen so laut schreien, dass du glaubst, deine innere Stimme nicht mehr zu hören, lies dir folgenden Liedtext von Heinz Schenk aus dem Jahr 1978 durch:

ES IST ALLES NUR GELIEHEN

Es ist alles nur geliehen,
hier auf dieser schönen Welt!
Es ist alles nur geliehen,
aller Reichtum, alles Geld.

Es ist alles nur geliehen,
jede Stunde voller Glück.
Musst du eines Tages gehen,
lässt du alles hier zurück.

Man sieht tausend schöne Dinge,
und man wünscht sich dies und das.
Nur was gut ist und was teuer,
macht den Menschen heute Spaß.

Jeder will noch mehr besitzen,
zahlt er auch sehr viel dafür.
Keinem kann es etwas nützen,
es bleibt alles einmal hier.

Jeder hat nur das Bestreben,
etwas Besseres zu sein.
Schafft und rafft das ganze Leben,
doch was bringt es ihm schon ein?

Alle Güter dieser Erde,
die das Schicksal dir verehrt.
Sind dir nur auf Zeit gegeben,
und auf Dauer gar nichts wert.

Darum lebt doch euer Leben,
freut euch auf den nächsten Tag.
Wer weiß schon auf diesem Globus,
was das Morgen bringen mag.

Freut euch an den kleinen Dingen,
nicht nur an Besitz und Geld.
Es ist alles nur geliehen,
hier auf dieser schönen Welt.

„Was wäre das Leben, hätten wir nicht den Mut, etwas zu riskieren?"

Ja, Vincent van Gogh war nicht nur ein begnadeter Künstler, er schrieb in zahlreichen Briefen an seinen Bruder Theo auch einige bemerkenswerte Dinge über das Leben. Auch das Zitat aus dem Titel dieses Unterkapitels soll ursprünglich von ihm stammen. Wie du jedoch weißt, ist die Sache mit dem Risiko gar nicht so einfach. Die meisten Menschen haben grundsätzlich ein ausgeprägtes Bedürfnis nach Sicherheit und möchten ihr Leben möglichst langfristig und genau planen. Wenn wir Pläne schmieden und diese in die Tat umsetzen, gibt uns das ein Gefühl der Kontrolle. Wir glauben dann, alles im Griff zu haben, und freuen uns, dass unser Leben in geordneten Bahnen verläuft. Tatsächlich habe ich schon öfters Leute kennengelernt, die beispielsweise ihre Urlaube zwei bis drei Jahre im Voraus buchen. Demgegenüber stehen jene, die im Hinblick auf die Urlaubsgestaltung und auch was sonstige Aktivitäten angeht, auf Spontaneität setzen und Entscheidungen in letzter Minute treffen. Grundsätzlich ist gegen ein bisschen Planung und Organisation natürlich nichts einzuwenden. Ganz ohne geht es sowieso nicht.

Wichtig ist allerdings, bei der Umsetzung dessen, was du dir vorgenommen hast, stets flexibel zu bleiben. Es ist wie mit dem Erreichen von Zielen: Wer sich Ziele setzt, gibt seinem Handeln eine Richtung und hat im Allgemeinen mehr Motivation. Dabei sollte man aber das große Ganze, den Grund, warum man ein Ziel überhaupt verfolgt, nicht aus den Augen verlieren. Mit der Zeit merkst du vielleicht, dass ein anderer Weg dich schneller voranbringen würde, oder du empfindest das ursprünglich verfolgte Ziel als nicht mehr so attraktiv für dich. Von einem einmal gefassten Plan abzuweichen oder einfach mal gegen den gesellschaftlichen Strom zu schwimmen, erfordert Entschlussbereitschaft und vor allem eine Menge Mut. Anders zu handeln,

Bleibe stets **FLEXIBEL!**

als die Mehrheit es tun würde, bereitet vielen Menschen Angst und Unbehagen. Doch das muss es nicht! Manchmal ist es nötig, all die Stimmen, die pausenlos auf uns einzuprasseln scheinen, zum Schweigen zu bringen, um die eigene Stimme wieder zu hören, und um Entscheidungen treffen zu können, die unserer inneren Wahrheit, ja unserem tiefsten innersten Wesenskern entsprechen.

Ich hatte schon immer den Traum, eine längere berufliche Auszeit zu nehmen und ein paar Monate auf Reisen zu gehen. Als ich vor einiger Zeit mit der Planung begann und anfing, mein Umfeld in mein Vorhaben einzuweihen, teilten sich die Reaktionen meiner Familie und Freunde in genau drei Lager. Eine kleine Gruppe von Leuten war begeistert von meiner Idee und bestärkte mich darin. Manche begannen davon zu schwärmen, wie spektakulär, abenteuerlich, aber auch lehrreich so eine Weltreise wäre. Andere aus der zweiten Gruppe waren sichtlich überrascht, als ich von meinen Plänen erzählte. Sie wollten alles ganz genau wissen und schienen fasziniert, aber auch nachdenklich angesichts meiner Idee, den Alltag für eine Weile hinter mir zu lassen und durch die Welt zu tingeln. Einige erzählten mir, dass sie selbst in der Vergangenheit ähnliche Träume gehabt, diese jedoch nie in die Tat umgesetzt hatten, weil sich der richtige Zeitpunkt einfach nicht ergeben hatte. Und dann gab es noch eine dritte Gruppe von Meinungsträgern, die meine Reisepläne äußerst kritisch betrachteten. Sie konnten gar nicht verstehen, wie ich bereit sein konnte, die Sicherheit eines geregelten Alltags gegen das Abenteuer einzutauschen. Sie warnten mich vor allen möglichen Gefahren, die in der großen weiten Welt so lauern, und zählten auf, welche schlimmen Dinge mir möglicherweise passieren könnten. Am häufigsten aber wurde damit argumentiert, dass ich mit meinen leichtsinnigen Aussteigerplänen den Erfolg meiner Selbstständigkeit aufs Spiel setzen

> **GEGEN DEN STROM** zu schwimmen, bereitet vielen Menschen Angst und Unbehagen.

> **Bist du verrückt? Du kannst doch jetzt nicht alles hinschmeißen …**

> **Ich wollte früher auch die Welt bereisen, der richtige Zeitpunkt hat sich aber nie ergeben.**

> **Super, toll … verfolge deinen Traum!**

würde. Die Stimmen der Vernunft klangen ungefähr so: „Schau mal, jetzt hast du dir mit viel Fleiß und Mühe so was Tolles aufgebaut. Das kannst du doch jetzt nicht alles wegschmeißen! Du weißt ja nicht, wie alles weiterlaufen wird, wenn du erst mal weg bist. Vielleicht klappt das mit der Online-Beratung nicht oder sonst etwas Ungeplantes kommt dazwischen? Was willst du dann tun? Gib nicht alles auf, wofür du so hart gearbeitet hast. Bleib lieber hier und kümmere dich um deinen Job. Du kannst doch trotzdem irgendwann mal zwei Wochen Urlaub in Australien machen." Ja, ich habe tatsächlich viele solcher Diskussionen geführt und behaupte keineswegs, dass die oben angeführten Argumente haltlos oder gar unbegründet sind. Natürlich kann immer etwas schiefgehen oder ein Vorhaben im schlimmsten Fall komplett misslingen. Allerdings existieren in diesem Zusammenhang zwei grundlegende Prinzipien. Wir alle können frei entscheiden, an welchem von beiden wir uns orientieren möchten.

Das Prinzip des Festhaltens

Den Leitsatz dieses gedanklichen Konstrukts, bei dem das Festhalten im Vordergrund steht, könnte man in etwa so umschreiben: „Ist etwas Gutes in dein Leben getreten, halte es fest, damit es dir nur ja nicht wieder entwischt!" Tatsache ist aber: Alles im Leben entwischt uns irgendwann! Unsere Jugend geht vorbei, Freunde kommen und gehen und unsere Kinder stehen irgendwann auf eigenen Füßen und ziehen aus. Schlussendlich entwischt uns sogar das Leben selbst. Es ist nun mal so, dass alles auf der Welt ein niemals endendes Werden und Vergehen ist.

Das beste Beispiel hierfür ist die Natur mit all ihren Vorgängen und Abläufen, sei es in Bezug auf die Jahreszeiten, Pflanzen, Tiere oder uns Menschen. Nichts steht jemals still, das einzig Beständige ist der Wandel. Dabei kann uns die Orientierung am Prinzip des Festhaltens und der damit verbundene Wunsch nach Kontrolle eine Menge Leid und Schmerz bescheren. Das damit in Zusammenhang stehende Grundgefühl ist nämlich die Angst. Die kalte, nackte Angst, das zu verlieren, was wir lieben. Doch genau diese Angst ist nicht unser Helfer, sondern unser größter Feind. Anstatt die Dinge, die unser Leben lebenswert machen, einfach zu genießen, kreisen unsere Gedanken ständig darum, wie schlimm es denn wäre, sie zu verlieren und wie wir das verhindern könnten. Anstatt den Moment zu leben und schöne Erlebnisse voll auszukosten, verfallen wir gedanklich in panischen Aktionismus und werden rast- und ruhelos. An diesem Punkt wird unsere ursprünglich schlimmste Befürchtung wahr, denn im Kopf ist der Verlust, den wir so sehr verhindern wollten, bereits eingetreten, und die damit verbundenen Szenarien haben rege Gestalt angenommen. Und genauso fühlt es sich auch an.

> Alles im Leben **ENTWISCHT** uns irgendwann!

Merke dir: Alles, was du festhalten möchtest, wird dir auf irgendeine Art wieder entrissen werden, auch wenn es faktisch niemals zur Verlusterfahrung kommt. Allerdings ist der Mangel an Freude, Lockerheit und Leichtigkeit, der oft mit dem Prinzip des Festhaltens einhergeht, bereits Verlust genug. Die gute Sache, die einst in dein Leben getreten ist und die du so sehr bewahren wolltest, wird dann nicht mehr dieselbe sein. Du siehst also, dass der Schlüssel zum Glück woanders liegen muss.

Das Prinzip des Loslassens

Das Gegenteil vom Festhalten ist bekanntlich das Loslassen. Der Grundgedanke dabei ist folgender: „Was du liebst, lass frei! Ist es wirklich und wahrhaftig für dich bestimmt, wird es bei dir bleiben, alles andere darf gehen." Die richtigen Dinge werden passieren, und zwar auch, ohne dass du Himmel und Hölle dafür in Bewegung setzen musst. Alles geschieht aus einem bestimmten Grund, auch wenn dieser manchmal verborgen zu sein scheint und wir das Warum nicht auf den ersten Blick erkennen können. Manchmal vergehen Jahre, bis man den Sinn hinter bestimmten Ereignissen versteht. Ich selbst habe mich in der Vergangenheit oft bis zur totalen Erschöpfung abgemüht und entscheidenden Ereignissen entgegengefiebert, weil ich eine Sache für wichtig, richtig oder unbedingt notwendig hielt. Die unbewusste Überzeugung, sich immer abrackern und kämpfen zu müssen, wenn man etwas haben will, saß mir damals kontinuierlich im Nacken und das meistens völlig umsonst. Ja, du hast richtig gelesen: Gerade in den Angelegenheiten, in die ich all meine Kräfte und mein ganzes Herzblut gesteckt hatte, gab es nur selten ein Happy End. Für gewöhnlich waren die Ergebnisse ernüchternd, und ich bereute es, mich so sehr verausgabt zu haben.

Inzwischen habe ich meine Taktik grundlegend geändert. Ich gebe weiterhin mein Bestes, aber das muss dann auch reichen. An diesem Punkt angekommen, lasse ich die Dinge laufen und verlasse mich darauf, dass alles die richtige Richtung einschlagen wird. Hier sind wir wieder

Versuchen, dich auf den TAKT, den das Leben vorgibt, EINZUSPIELEN.

beim Thema Akzeptanz. Den inneren Widerstand aufzugeben und einfach mal loszulassen, bringt uns oft weiter als jegliche Form von blindem Aktionismus. Insbesondere dann, wenn die Situation kompliziert ist und man das Gefühl hat, gegen Mauern zu laufen, kann der bewusst gewählte Ausstieg aus dieser inneren Spirale eine sehr hilfreiche Erfahrung sein. Der Fähigkeit loszulassen, liegen ausgeprägte Gefühle des tiefen Urvertrauens und der Sicherheit zugrunde. Möchtest du dem Glück also ein gutes Stück näherkommen, solltest du versuchen, dich auf den Takt, den das Leben vorgibt, einzuspielen und dich auf die dadurch entstehende Dynamik zu verlassen. Erst dann können deine Energien richtig fließen, Blockaden lösen sich auf und du kommst endlich ganz in deine Kraft.

Vertrauen – die Königsdisziplin auf dem Weg zum erfüllten Leben

Wie du bereits gehört hast, kann es manchmal ungemein hilfreich sein, sich selbst zu erlauben, gedanklich und emotional aus verzwickten Situationen auszusteigen und die Last abzugeben. Um loslassen zu können, müssen wir erst Vertrauen aufbauen. Menschen, die vertrauen können, haben im Leben viele Vorteile. Sie sind in der Regel unbeschwerter, gelassener und können sich besser abgrenzen. Ihre Grundhaltung ist geprägt von Optimismus, Zuversicht und dem Glauben daran, dass alles gut gehen wird. Wer sich entschieden hat zu vertrauen, gibt automatisch mehr positive und hoffnungsvolle Energien ins Feld und strahlt diese dann auch aus. Da wir auf kurz oder lang fast immer das ernten, was wir aussäen, profitieren zuversichtliche Menschen entsprechend stark von ihren vertrauensvollen Überzeugungen. Sobald wir den inneren Widerstand aufgeben, der sich vor allem dann einstellt, wenn etwas nicht nach unseren

> Um Loslassen zu können, müssen wir erst VERTRAUEN aufbauen.

Vorstellungen läuft, können verfahrene Zustände aufgelockert werden, und vieles kommt wieder in den Fluss. Ich habe schon oft beobachtet, dass Probleme und Schwierigkeiten ihre Bedrohlichkeit verlieren und sich plötzlich neue Lösungswege zeigen, sobald man aufhört, innerlich gegen die Situation anzukämpfen. In einer „Kontrollgesellschaft" wie der unseren ist diese bejahende Einstellung zum Leben ein großes Geschenk und äußerst bedeutend, auch für größere Zusammenhänge und Entwicklungen. Vertrauen, Loslassen und Abgeben stellen wichtige Gegenpole zur sonst so gängigen Auffassung, alles im Griff haben und alles allein schaffen zu müssen, dar. Wir dürfen und sollen wieder lernen, dass wir das ganze Gewicht dieser Welt nicht allein auf unseren Schultern tragen müssen und das auch gar nicht können.

Leider ist es in den letzten Jahrzehnten allgemein aus der Mode gekommen, Verantwortung an die Gemeinschaft abzugeben, um den Einzelnen zu entlasten. Ein Beispiel: Auf den meisten Bauernhöfen in Südtirol lebten früher viele Menschen unter einem Dach und verrichteten gemeinsam die täglich anfallende Arbeit. Damals musste sich für gewöhnlich niemand ganz allein für alles zuständig fühlen und auftretende Probleme mit sich selbst ausmachen. Dieses Prinzip der Gemeinschaft finde ich nicht nur im Hinblick auf berufliche Themen interessant. Auch für die Gestaltung des Familienlebens gibt es entsprechend alternative Modelle. Ein afrikanisches Sprichwort lautet: „Es braucht ein ganzes Dorf, um ein Kind aufzuziehen." Was bei uns eher unüblich ist, machen viele Naturvölker heute noch vor. Dort leben nicht selten mehrere Familien und Generationen zusammen und ziehen gemeinsam alle Kinder auf. Die Älteren stehen den Jüngeren mit Rat und Tat zur Seite, und umgekehrt können sie auf deren Hilfe zählen, sollten sie sich selbst nicht mehr versorgen können. Dort verzweifelt keine

> wir **MÜSSEN NICHT** das ganze Gewicht dieser Welt allein auf unseren Schultern tragen.

Mutter allein und abgeschnitten in ihren vier Wänden, wenn das Kind krank ist oder ihr die Organisation einer ganzen Familie über den Kopf wächst. Dort vegetiert auch kein älterer, aus dem Berufsleben ausgeschiedener Mensch einsam vor sich hin und hofft Tag für Tag auf einen der seltenen Besuche seiner Angehörigen. Ja, wir legen heute großen Wert auf Unabhängigkeit und ein selbstbestimmtes individualisiertes Leben, in dem wir unsere Interessen verfolgen können und möglichst niemandem Rechenschaft schuldig sind. Dafür zahlen wir aber einen hohen Preis. Eigenständigkeit und Selbstverwirklichung sind ohne Zweifel erstrebenswert, allerdings gehen sie oft Hand in Hand mit dem Gefühl, unter Hochdruck zu stehen und alles unter Kontrolle haben zu müssen. Wenn die Dinge dann mal nicht so laufen, wie sie sollten, geraten wir nicht selten in Panik, weil wir nicht genügend Halt und Rückendeckung spüren. Das Vertrauen in eine höhere Instanz, die uns hilft, die Geschicke zu leiten, ist in diesem Fall also Gold wert.

Viele Menschen finden Zuversicht und Geborgenheit im **GLAUBEN.**

Vielleicht fragst du dich jetzt, auf wen oder was genau du in schwierigen Zeiten vertrauen sollst? Nun, das ist ganz dir selbst überlassen! Du spürst am besten, wo es dich innerlich hinzieht. Viele Menschen finden Zuversicht und Geborgenheit im Glauben. An dieser Stelle möchte ich unbedingt erwähnen, dass Glaube ein sehr dehnbarer Begriff ist. Er hat nicht zwingend etwas mit Religion, Kirche oder Gott zu tun. Im Kern bedeutet es einfach zu wissen: Da ist jemand oder etwas, das dich nicht alleine lässt und dir in jeder noch so aussichtslosen Situation zur Seite steht. Es bedeutet auch, daran zu glauben, dass die Geschehnisse in deinem Leben einem höheren Plan folgen und du ganz beruhigt sein darfst, weil sich irgendwann alles fügen wird. Menschen, die an etwas glauben, das höher ist als sie selbst, fühlen sich trotz widriger Umstände sicher und geerdet. Sie können den Dingen auch mal ihren Lauf lassen und haben weniger das Bedürfnis, immer und überall eingreifen und tätig werden zu müssen. Wie sich die höhere Instanz nun nennt, an die man glauben und der man vertrauen möchte, spielt dabei absolut keine Rolle.

Menschen vertrauen beispielsweise auf:
- eine höhere Kraft/eine höhere Macht;
- einen Gott/eine Göttin/mehrere Götter;
- die Schöpfung;
- das Leben;
- das Universum;
- die Natur/Mutter Erde;
- das Schicksal/die Fügung;
- spirituelle Wesen und Symbole (z. B. Schutzengel).

Du kannst versuchen, eine erste Verbindung mit einer höheren Instanz deiner Wahl herzustellen, indem du sie vertrauensvoll an deinen alltäglichen Sorgen und Nöten teilhaben lässt. Wenn du beispielsweise gedanklich in einer Grübelspirale feststeckst, kannst du ein Blatt Papier oder ein Notizbuch nehmen und alles aufschreiben, was dich gerade beschäftigt und/oder belastet. Ob du das in Form eines Briefes, in Stichworten oder als Mindmap machst, kannst du intuitiv entscheiden. Stell dir dabei vor, während des Schreibens verlassen all die bedrückenden Gedanken deinen Kopf und fließen in das Papier, wo deine höhere Instanz sich ihrer annimmt. Während du also deine Gedanken mitteilst, gibst du gleichzeitig auch die Schwere, die sie auf deiner Seele verursachen, ab. Wenn du fertig bist, solltest du dein Schreibzeug außerhalb deines Blickfeldes verstauen und dich mit etwas anderem (am besten mit etwas Angenehmem) beschäftigen. Vertraue auf die Kraft, die von dieser Geste des Loslassens ausgeht!

Manchmal gewinnst du, manchmal lernst du

Fehler, Missgeschicke und Niederlagen sind fester Bestandteil unseres alltäglichen Lebens. Überall, wo Menschen am Werk sind, geht eben auch mal etwas schief. Nur dort, wo der totale Stillstand herrscht, kann auch niemand an einer Aufgabe scheitern. Dass Fehler nicht nur unumgänglich, sondern auch äußerst wichtig für unseren persönlichen Lern- und Entwicklungsprozess sind, ist hinreichend bekannt. Und doch scheuen wir jeden noch so kleinen Patzer wie der Teufel das Weihwasser und wollen möglichst immer alles richtig, ja am liebsten perfekt machen.

Ich möchte an dieser Stelle eine gewagte These aufstellen und behaupten, dass der Begriff „Fehler" selbst ein Fehler ist oder zumindest falsch interpretiert wird. Er beinhaltet nämlich die Annahme, etwas sei falsch gemacht worden und es liege demzufolge irgendeine Art von Versagen vor. Man hätte also entweder ungünstige Entscheidungen getroffen, eine falsche Richtung eingeschlagen oder nicht genügend Leistung erbracht. Infolgedessen wurde eine Erwartung nicht erfüllt, ein Ziel nicht erreicht oder ein gewünschter Zustand hat sich nicht eingestellt. Fällt dir was auf? Es geht schon wieder um Kontrolle! Wir sind der Meinung, alles wissen und beeinflussen zu können (und zu müssen). Besonders im Nachhinein sind wir meistens schlau und glauben, es vorher besser gewusst zu haben. Somit kommen wir zur Überzeugung, dass die Sache ein anderes Ende hätte nehmen können. Wir hadern sowohl mit der Situation als auch mit uns selbst, und genau darin liegt meines Erachtens der wahre Fehler.

> Fehler und Niederlagen sind **CHANCEN** zu wachsen.

Angenommen, es würde immer alles glattlaufen: Wo bliebe der Reiz, den wir insbesondere dann verspüren, wenn wir auf Herausforderungen treffen, die bewältigt werden wollen? Ich sage, das Leben wäre doch ziemlich langweilig und unterfordernd, gelänge uns alles auf Anhieb. Diese Tatsache wird im Allgemeinen nicht ausreichend gewürdigt. Könnten wir Fehler und Niederlagen als das betrachten, was sie wirklich sind, nämlich Chancen zu wachsen und in unserer Einzigartigkeit zu reifen, hätten wir weniger Angst, welche zu machen. Also vergiss den Grundsatz, dass man nur gewinnen oder verlieren kann, und ersetze ihn durch diesen vertrauensvollen Gedanken: Entweder du gewinnst oder du lernst! Wenn du gewinnst, ist das natürlich toll, und solltest du lernen, ist es auf lange Sicht auch toll, weil es dir dabei helfen wird, in Zukunft öfter zu gewinnen. Du darfst darauf vertrauen, dass deine Lernprozesse, so schwierig und beschwerlich sie auch sein mögen, dich genau dorthin führen werden, wo du hin sollst. Gelegentlich verstehen wir die Wege des Schicksals relativ schnell. Manchmal dauert es hingegen Jahre, bis sich uns die

Zusammenhänge erschließen, und in einigen Fällen passiert das tatsächlich nie. Es gibt Ereignisse im Leben, von denen wir niemals verstehen werden, warum sie in genau dieser Form passiert sind. Doch das müssen wir auch nicht! Von dieser Last dürfen wir uns befreien, denn sie wäre ohnehin viel zu schwer auf unseren Schultern. Das Leben ist nicht dazu da, um von uns Menschen bis ins kleinste Detail analysiert und verstanden zu werden. Das ist nicht unsere Aufgabe! Unsere Aufgabe ist es zu leben, unsere Lektionen zu lernen und uns dadurch charakterlich zu dem Menschen zu entwickeln, der wir wirklich sind.

Auch der unbekannte Verfasser des nachfolgenden Textes (der fälschlicherweise oft dem argentinischen Schriftsteller Jorge Luis Borges zugeschrieben wird) schreibt in der Rückschau auf sein Leben über die Fehler, die er nicht gemacht hat, und all die Dinge, die er anders machen würde, hätte er sein Leben noch vor sich:

WENN ICH MEIN LEBEN NOCH EINMAL LEBEN KÖNNTE

Im nächsten Leben würde ich versuchen,
mehr Fehler zu machen.

Ich würde nicht so perfekt sein wollen.
Ich würde mich mehr entspannen.

Ich wäre ein bisschen verrückter, als ich es gewesen bin,
und würde viel weniger Dinge so ernst nehmen.
Ich würde nicht so gesund leben.
Ich würde mehr riskieren, mehr reisen,
Sonnenuntergänge betrachten, mehr bergsteigen
mehr in Flüssen schwimmen.

Ich war einer dieser klugen Menschen,
die jede Minute ihres Lebens fruchtbar verbrachten.
Freilich hatte ich auch Momente der Freude,
aber wenn ich noch einmal anfangen könnte,
würde ich versuchen, viel mehr gute Augenblicke zu haben.
Falls du es noch nicht weißt:
Aus diesen besteht nämlich das Leben.
Nur aus Augenblicken ... Vergiss nicht den jetzigen!

Wenn ich noch einmal leben könnte,
würde ich von Frühlingsbeginn an
bis in den Spätherbst hinein barfuß gehen.
Und ich würde mehr mit Kindern spielen,
wenn ich das Leben noch vor mir hätte.

Nutze die Macht der inneren Bilder

Aus früheren Kapiteln dieses Buches weißt du, dass innere Bilder eine ungeheure Macht über unsere Wahrnehmung und unser Wohlbefinden haben können. Richtig eingesetzt, kann das visuelle Vorstellen bestimmter Bilder (auch Imagination genannt) ein mächtiges Werkzeug zur positiven Steuerung und Beeinflussung des Unbewussten sein. Gerade in Bezug auf abstrakte Themen wie Vertrauen und Zuversicht, wo das unmittelbare Training einer spezifischen Fähigkeit schwierig ist, kann der indirekte Weg über die Einflussnahme auf das Unbewusste die Methode der Wahl sein.

Nachfolgend habe ich eine solche Imaginationsübung („Vertrauen und Sicherheit in schwierigen Situationen") in Form einer Selbsthypnose für dich zusammengestellt. Bevor du sie durchführst, lies dir bitte den Übungstext und auch die dazugehörigen Tipps und Empfehlungen genau durch.

Such dir ein ruhiges Plätzchen, an dem du dich wohlfühlst und wo du für eine Weile ungestört bist. Entscheide selbst, ob du lieber gemütlich sitzen oder dich für die Dauer der Übung hinlegen möchtest. Wichtig ist, dass du es dir so bequem wie möglich machst. Sobald du eine angenehme Position gefunden hast, kann es losgehen! Schließe sanft deine Augen und konzentriere dich ganz auf deinen Atem. Du atmest locker durch die Nase ein und ganz langsam durch den Mund wieder aus. Stell dir vor, wie du mit jedem Einatmen einen hellen Luftstrahl voller Ruhe und Entspannung in deinen Körper aufnimmst und wie mit jedem Ausatmen ein dunkler Luftstrahl voller Stress und Anspannung über deinen Mund deinen Körper verlässt. Mit jedem Atemzug wirst du entspannter und gelöster. Du spürst, wie alle deine Muskeln allmählich locker werden. Wenn du bereit bist, möchte ich dich einladen, einmal tief in dich hineinzuspüren. Du gehst momentan durch eine schwere Zeit und trägst so einiges an Ballast mit dir herum. Nimm wahr, wo genau in deinem Körper das Gewicht dieser Belastung sitzt. Vielleicht spürst du es als schwere Last auf deinen Schultern, vielleicht als Druck in deiner Brust, als Ziehen im Bauch, als Spannung oder Schmerz im Rücken oder einfach als unangenehmes Gefühl im ganzen Körper. Lass dir Zeit und achte auf das, was du empfindest, auf das, was sich dir jetzt zeigt, in diesem Moment, in dem du tief mit deinem inneren Erleben verbunden bist. Das, was du gerade noch innerhalb deines Körpers gespürt hast, liegt nun in Form eines Päckchens in deinen Händen. Spüre erneut in dich hinein und lasse die Bilder vor deinem inneren Auge aufsteigen: Wie sieht das Päckchen (oder ist es eher ein Paket?) aus? Welche Farbe hat es? Wie fühlt sich seine Oberfläche an? Wie schwer ist es? Vielleicht merkst du gerade, dass es ziemlich beschwerlich ist, dieses Paket mit dir herumzutragen. Vielleicht hattest du die ganze Zeit schon Mühe, das Gleichgewicht zu halten und aufrecht zu bleiben. Doch wenn du möchtest, bekommst du jetzt die Chance, diesen Ballast abzulegen; ihn in die vertrauensvollen Hände einer höheren Kraft zu geben und dich selbst von der viel zu schweren Last zu befreien. Diese höhere Kraft steht vor dir. Sie kommt in Gestalt eines freundlichen Menschen, der dich wohlwollend anlächelt und dir seine starken und kraftvollen Arme entgegenstreckt. Lass dir wiederum Zeit, diese liebenswerte Person mit ihrer zuversichtlichen Ausstrahlung auf dich wirken zu lassen und Vertrauen zu fassen. Dann ist es endlich so weit: Du bringst noch einmal deine ganze Kraft auf und legst das Paket in die Hände deines Helfers. Dein ganzer Körper fühlt sich auf der Stelle sehr viel leichter und beweglicher an. Du richtest dich auf und genießt dieses neue Gefühl der Freiheit und Unbeschwertheit, während die hilfsbereite Person, die dir dieses große Geschenk gemacht und dein Päckchen abgenommen hat,

sich langsam umdreht und weggeht. Und während sie sich immer weiter entfernt, spürst du, wie Hoffnung, Zuversicht und Vertrauen in dir aufsteigen und von Sekunde zu Sekunde intensiver werden. Irgendetwas sagt dir: Alles ist gut, so wie es jetzt ist. Dein Paket ist wohlbehütet und bei der höheren Kraft in guten Händen. Sie weiß, was zu tun ist, und das ist alles, was zählt. Bleib noch ein Weilchen in diesem entspannten und gelassenen Zustand, bevor es dann langsam Zeit wird, wieder zurückzukommen. Nimm nochmals ein paar tiefe Atemzüge. Atme locker durch die Nase ein und durch den Mund wieder aus. Mit jedem Ausatmen wirst du wacher und kommst ein bisschen mehr ins Hier und Jetzt zurück. Recke und strecke dich wie nach einem kurzen Schlaf und öffne, sobald du so weit bist, wieder deine Augen.

Betrachte die obige Anleitung für die Selbsthypnose-Übung als Orientierungsbeispiel, das du je nach persönlichem Bedarf auch abändern kannst. Spüre intuitiv, was du gerade brauchst, und probiere es einfach aus. Du kannst dabei nichts falsch machen. Dein Unbewusstes weiß am besten, wo es hingehen soll, und wird dir den richtigen Weg zeigen. Solltest du dich unwohl fühlen, kannst du die Situation jederzeit verlassen und ins Hier und Jetzt zurückkehren.

Nachfolgend noch ein paar Tipps und Anregungen:

- **Geräuschkulisse**

Manche Menschen bevorzugen absolute Stille, um einen entspannten Trancezustand zu erzeugen. Es kann allerdings auch sein, dass es dir leichter fällt, mit ruhiger Musik oder monotonen Geräuschen (z. B. das Ticken einer Uhr) im Hintergrund in dich zu gehen. Auch Nebengeräusche wie Verkehrslärm oder Hundegebell können nützlich sein und sogar trancevertiefend wirken, wenn du dir während der Hypnose selbst den entsprechenden Hinweis (eine sogenannte „Suggestion") gibst.

- **Augen**

Anstatt die Augen direkt zu Beginn der Übung zu schließen, kannst du sie auch offen lassen und einen Punkt an der Decke oder an der Wand fixieren, bis sie müde und schwer werden und von alleine zufallen. Eine weitere Möglichkeit besteht darin, die Augen zwar offen, aber dennoch ganz locker und entspannt zu lassen und den Blick auf „unscharf" zu stellen.

- **Trance-Induktion**

Als Trance-Induktion wird der Vorgang bezeichnet, mit dem im Zuge der Hypnose ein besonderer Bewusstseinszustand erzeugt wird. Auch hier gibt es verschiedene Varianten. Anstatt dich auf die Atmung zu konzentrieren, kannst du dir beispielsweise vorstellen, wie du eine Treppe hinabsteigst und mit jeder Stufe etwas tiefer in die Trance gehst. Oder du zählst leise von eins bis zehn und gibst dir selbst die Anweisung, dich mit jeder Zahl mehr und mehr zu entspannen.

↘ **Inhalt und Ablauf**

Kernpunkt der Selbsthypnose-Übung zum Aufbau von Vertrauen und Sicherheit ist das Loslassen persönlicher Belastungen durch die symbolische Übergabe des Problem-Paketes an eine höhere, vertrauenswürdige Instanz. Im obigen Beispiel zeigt sich diese höhere Kraft in Gestalt einer freundlichen und liebenswerten Person. Natürlich gibt es viele weitere Möglichkeiten, auf sinnbildlicher Ebene das Abwerfen von Ballast und das Vertrauen in eine höhere Macht darzustellen. Vielleicht fließt alles, was dich beschwert, durch deine Füße in die Erde, kommt dort zu neuer Kraft und verwandelt sich in etwas Positives und Hoffnungsvolles (z. B. in keimende Samen). Vielleicht machst du eine Wanderung und merkst, dass du deinen Rucksack zu vollgepackt hast. Du hast nicht nur dein eigenes Päckchen dabei, sondern trägst auch Sachen mit dir herum, die eigentlich jemand anderem gehören. Also sortierst du die Päckchen, die nicht deine sind, aus und gibst sie den entsprechenden Personen zurück (oder deponierst sie an einem sicheren Ort, wo sie abgeholt werden können). Wie du siehst, sind deiner Fantasie keine Grenzen gesetzt!

> **SPÜRE INTUITIV,** was du gerade brauchst.

↘ **Ausleitung**

Mit der Hypnose-Ausleitung kommst du am Ende der Übung schrittweise wieder in den normalen Wachzustand zurück. Je nach Art der Trance-Induktion und persönlichem Bedarf kann dieser Vorgang dadurch eingeleitet werden, dass du dich auf deinen Atem konzentrierst, rückwärts zählst oder dir vorstellst, die Stufen einer Treppe wieder hochzusteigen. Mit jedem Atemzug, jeder Zahl oder jedem Schritt wachst du mehr und mehr auf und bist allmählich wieder ganz im Hier und Jetzt.

Ein magischer Kraftort für dich

Eine wunderbare Möglichkeit, unsere Energiespeicher aufzufüllen und neue Kraft für den Alltag zu schöpfen, ist das regelmäßige Aufsuchen von Orten, die eine besondere emotionale Bedeutung für uns haben. Diese Orte nennt man auch „Kraftplätze". Es kann sich dabei um Orte handeln, mit denen wir bereits vertraut sind und die wir aus der Vergangenheit, vielleicht sogar noch aus unserer Kindheit, kennen. Oder es sind Plätze, die wir ganz neu für uns entdecken, wenn wir spüren, dass sie einen wertvollen Schatz für unser Wohlbefinden bereit halten.

Kraftorte können so unterschiedlich sein wie die Menschen selbst. Nicht selten sind sie in der Natur zu finden: ein schattiges Plätzchen unter einem Baum, ein kleiner See oder ein Hügel mit Aussicht auf das Umland. Es sind Orte, die uns mit ihrer Ausstrahlung und ihrer ganz besonderen Energie in ihren Bann ziehen. In ihrem Schutz dürfen wir ganz wir selbst sein, uns entspannen, erholen und von den Anstrengungen des Alltags befreien. Wir dürfen zurückkommen zum Wesentlichen, zu dem, was uns wirklich ausmacht.

Dabei müssen Kraftplätze nicht zwingend einsame Landschaften sein, um unsere körperliche und mentale Erholung anzuregen. Auch in der Stadt gibt es unzählige Ecken, die uns durch ihre Ausdrucksstärke faszinieren und eine stabilisierende Wirkung auf unsere Psyche haben können: die Parkbank mit Blick ins Grüne, das Lieblingsmuseum oder das kleine Café mit der netten Bedienung und dem tollen Ambiente. Wie du siehst, gibt es unendlich viele Möglichkeiten, die Kraft besonderer Orte zu nutzen, und nicht immer müssen wir aktiv nach ihnen suchen.

Als ein Freund von mir, der in einer Großstadt im Norden lebt, eine äußerst schwierige Zeit durchmachte, zog es ihn intuitiv immer wieder in den dortigen Hafen. Er setzte sich auf eine Bank und beobachtete

KRAFTORTE können so unterschiedlich sein wie die Menschen selbst.

die großen Frachtschiffe beim An- und Ablegen. Durch das geschäftige Treiben auf dem Hafengelände, die Bewegungen der Schiffe und die monotonen Geräusche des Wassers kam er innerlich zur Ruhe und das Gedankenkarussell, das oft in seinem Kopf tobte, zum Erliegen. Endlich konnte er aufatmen, fühlte sich geerdet und zunehmend geborgen. Der Hafen war für meinen Freund zur Energiequelle geworden und hatte ihn des Öfteren reich beschenkt. Diese Form der Naherholung steht uns allen jederzeit zur Verfügung. Kraftplätze gibt es überall, alles, was wir tun müssen, ist hineinzuspüren und unsere Augen (und noch viel mehr unser Herz) für diese heilsamen Erfahrungen zu öffnen.

Was macht einen Kraftplatz aus?
- ↘ Es ist ein Ort, der für dich eine besondere Energie ausstrahlt.
- ↘ Du freust dich, ihn aufzusuchen, und fühlst dich wohl, wenn du dort bist.

- Gedanken an diesen Ort lösen positive Emotionen in dir aus.
- Du verbindest diesen Platz mit schönen Erinnerungen oder möchtest dort welche erschaffen.
- Ein Kraftplatz kann etwas Magisches an sich haben. Durch seine Ausdrucksstärke fesselt er dich mehr als andere Orte.

Wiederhole, was hilfreich ist!

Noch wirkungsvoller ist es, den Besuch eines Kraftortes (der an sich schon ein Ritual ist), mit weiteren Ritualen zu verbinden, um so eine ganz persönliche Kraftroutine zu erschaffen. Als ich klein war, verbrachte meine Familie an Sommerwochenenden gerne Zeit an einem abgelegenen Bergsee (ja, einsame Bergseen waren in meinem Leben schon immer von besonderer Bedeutung). Nach dem steilen, beschwerlichen Aufstieg erreichten wir unser Ziel und schon der erste Blick auf die wunderschöne Landschaft entschädigte für alle Strapazen. Dann wurde gegessen, gespielt und geangelt. An besonders heißen Tagen sprangen wir Kinder in das eiskalte Schneewasser. Ein Gefühl, das ich noch heute auf meiner Haut spüre, wenn ich mir die Bilder dieser längst vergangenen Tage in Erinnerung rufe. Wir verbrachten dort den ganzen Tag und brachen erst auf, als die Sonne unterging und die Bergluft kalt wurde. Mit der Zeit entwickelte sich bei unseren Besuchen dieses wunderbaren Familien-Kraftorts eine geliebte Tradition. Oben angekommen, machten wir uns direkt auf den Weg zu einer kleinen, versteckt gelegenen Quelle, deren genauen Standort mein Vater noch aus seiner eigenen Kindheit kannte.

Verbinde den Besuch deines Kraftortes mit weiteren Ritualen.

Dort füllten wir unsere Trinkflaschen mit dem frischen, kristallklaren Bergwasser und genossen das Plätschern des kleinen Bächleins, das aus dem Inneren der Erde floss. Wir bestaunten dieses Naturphänomen und fühlten uns angekommen.

Wie du dir vielleicht vorstellen kannst, ist genau dieser Platz in den Bergen auch heute noch bedeutend für mich. Die unbeschwerten, manchmal abenteuerlichen Stunden, die ich dort verbrachte, und die Erinnerungen, die daraus entstanden, sind von unschätzbarem Wert. Noch immer gehe ich dorthin, wenn der Alltag mir zu laut und zu schnell wird, um mich zu erholen, neue Kraft zu schöpfen und seelischen Schmerz loszulassen. Was dieser Ort mir gab und immer noch gibt, ist nicht in Worte zu fassen. Es ist unbeschreiblich, unbezahlbar und kann nur gefühlt werden. Die Kraft, die ich aus den Tagen am Bergsee gezogen habe, trägt mich noch heute jeden Tag durchs Leben. Die kleine Quelle spielt dabei eine ganz besondere Rolle. Ich habe das Geräusch, wie sie plätschernd aus der Erde fließt, aufgenommen und meine eigene, ganz persönliche Meditation daraus gestaltet. An stressigen Tagen hilft sie mir, Abstand zu Problemen und Schwierigkeiten zu nehmen, und zeigt mir den Weg zurück zu mir selbst.

Rituale für deine Kraftroutine

Auch du kannst eine individuell gestaltete Kraftroutine an einem für dich besonderen Ort erschaffen und von den positiven Effekten profitieren. Um dir die Sache etwas zu erleichtern, habe ich nachfolgend ein paar Ideen für solche Rituale zusammengestellt. Es sind Inspirationen, die dir dabei helfen sollen, in dich zu gehen und das für dich Passende zu finden. Natürlich steht es dir frei, auch nur Teile davon zu übernehmen oder ein Ritual nach deinen Wünschen und Vorstellungen abzuwandeln. Betrachte das Ganze als Buffet, das vor dir ausgebreitet wird. Schau dich erst mal um, und nimm wahr, was dich anspricht und was vielleicht weniger attraktiv auf dich wirkt. Anschließend kannst du dir selbst aussuchen, was und wie viel du auf deinen Teller legen möchtest.

profitiere von den **POSITIVEN EFFEKTEN** *der Kraftroutine.*

Ankommen und Umschalten

Sollte es dir schwerfallen abzuschalten und von Gedanken der Pflichterfüllung auf ein Gefühl der Freiheit und Entspannung umzuschalten, kannst du dir ein Eingangsritual für deinen Besuch am Kraftplatz überlegen. Oft ist es hilfreich, sich symbolisch der Last zu entledigen, die man im Alltag zu tragen hat. Lege bewusst deine Tasche oder deinen Rucksack ab und ziehe deine Jacke oder deine Schuhe aus. Atme tief durch und spüre, wie leicht dein Körper dabei wird. Betrachte diese Geste als Eintrittspforte in deine ganz persönliche Welt der Erholung. Mit der Zeit passiert in deinem Gehirn etwas, das sich „Konditionierung" nennt. Dein Kopf verknüpft die Handlung, die du im Zuge deines Eingangsrituals ausführst, mit dem Gefühl des Abschaltens und des Loslassens, das sich am Kraftort einstellt. Infolgedessen wird es dir zunehmend leichter fallen, schnell in diesen Modus zu kommen, wenn du deinem Lieblingsplatz einen Besuch abstattest.

Nimm deine Umgebung bewusst wahr!

Kraftorte eignen sich hervorragend, um Achtsamkeit zu üben. Wenn wir lernen, unsere Umgebung und die damit verbundene, ganz besondere Atmosphäre bewusst intensiv und mit allen Sinnen wahrzunehmen und sie einfach zu beobachten, ohne direkt eine Bewertung entstehen zu lassen, können Stressgefühle massiv reduziert werden.

Als kleines Achtsamkeitsritual bietet sich folgende VAKOG-Übung an, bei der du Schritt für Schritt die folgenden Punkte durchgehst:

- ↘ V – visuell (Was sehe ich?)
- ↘ A – auditiv (Was höre ich?)
- ↘ K – kinästhetisch (Was fühle ich?)
- ↘ O – olfaktorisch (Was rieche ich?)
- ↘ G – gustatorisch (Was schmecke ich?)

Wichtig: Nimm dir ausreichend Zeit, um die Energie des Ortes in dich aufzunehmen und beobachte die Gedanken und Gefühle, die dabei in dir entstehen. Solltest du abschweifen und dein Kopf sich mit Dingen befassen, die nichts mit dem Hier und Jetzt zu tun haben, bringe deine Aufmerksamkeit einfach sanft wieder zum gegenwärtigen Moment zurück. Kämpfe nicht gegen ablenkende Gedanken an! Heiße sie willkommen und lass sie dann einfach weiterziehen, um den Fokus wieder auf die Gegenwart zu lenken. Dieses Achtsamkeitsritual am Kraftplatz ist ein tolles Training für deinen mentalen Muskel. Du lernst dadurch, auch im Alltag präsenter zu sein, den Moment auszukosten und dich selbst besser zu spüren. Tipp: Du musst keine innere „Aufzählung" dessen machen, was du siehst, hörst usw. Sei wie eine Antenne und registriere einfach, was ankommt, ohne aktiv danach zu suchen und ohne es zu bewerten.

> Nimm dir ausreichend Zeit, um die ENERGIE des Ortes in dich aufzunehmen.

Weniger denken – mehr fühlen

Körperliche und mentale Regeneration stellen sich in der Regel dann ein, wenn wir beginnen, weniger zu denken und mehr zu fühlen. Unser Innenleben und unsere Umwelt intuitiv zu erfassen bedeutet, sich einmal nicht damit zu beschäftigen, was auf der Ebene der Vernunft jetzt gut oder sinnvoll wäre, sondern einfach in sich hineinzuspüren und zu erfahren, was da gerade lebendig ist. Kraftorte bieten tolle Möglichkeiten, die intuitive Wahrnehmung zu schärfen und sich in Selbstfürsorge zu üben. Stelle dir die Frage, was du genau in diesem Moment benötigst, um dich wohlzufühlen. Wonach ist dir gerade? Vielleicht möchtest du auf Entdeckungstour gehen und die Umgebung erkunden. Vielleicht hast du Lust, dich irgendwo hinzusetzen und ein Buch zu lesen. Oder du spürst den Wunsch, dich an ein ruhiges Plätzchen zurückzuziehen und auszuruhen. Wie du bereits weißt, ist unser Körper unser weisester

Ratgeber, und wir tun gut daran, ihn in jeder Hinsicht zu unserem engsten Verbündeten zu machen. Er weiß genau, was er braucht, und er lässt es auch uns wissen, wenn wir lernen, den Signalen, die er sendet, unsere ungeteilte Aufmerksamkeit zu schenken.

Bring ein Stück Kraftplatz mit nach Hause

Besondere Erlebnisse wollen festgehalten werden! Nicht umsonst machen wir Fotos, schreiben Ansichtskarten und bringen Souvenirs aus dem Urlaub mit. Wir wollen den Daheimgebliebenen zeigen, was wir erlebt haben. Noch viel mehr geht es allerdings darum, die damit verbundenen positiven Emotionen in unserem Inneren lebendig zu halten. Um diesen Prozess zu unterstützen, kannst du ein Stück Kraftplatz mit zu dir nach Hause nehmen. Ob es sich dabei um einen Gegenstand aus der Natur (z. B. einen besonderen Stein, ein Blatt oder eine Blume) handelt oder um ein anderweitiges Mitbringsel (z. B. ein Eintrittsticket, ein Foto oder eine Postkarte), ist komplett dir selbst überlassen. Wichtig ist, dass das ausgewählte Erinnerungsstück eine persönliche Bedeutung für dich hat und deine Erlebnisse am Kraftplatz gut repräsentiert. Zu Hause kannst du dein Souvenir an einem gut sichtbaren Ort platzieren, um im Alltag immer wieder an die glücklichen Momente erinnert zu werden, die damit in Verbindung stehen.

> Das Erinnerungsstück sollte eine persönliche **BEDEUTUNG** für dich haben.

Wir Menschen sind in unserem tiefsten Wesen durch und durch gemeinschaftlich veranlagt. Unser soziales Umfeld und unsere Beziehungen prägen unsere Existenz und beeinflussen unsere Lebensqualität massiv. Zwar verbringen wir manchmal gerne auch Zeit allein, aber Einsamkeit behagt uns ganz und gar nicht. Tatsächlich kann sie sogar zu intensiven Belastungszuständen führen. Chronische Einsamkeitsgefühle schaden unserer Gesundheit, vom Wohlbefinden gar nicht zu sprechen. Das zeigt sich bereits daran, dass Babys nach ihrer Geburt schwere Schäden davontragen können, wenn sie keine liebevolle Zuwendung erhalten und nicht mit ihnen kommuniziert wird. Zahlreiche Studien, deren Gegenstand unter anderem die frühe Sprachentwicklung war, ergaben eindrucksvoll: Wir Menschen können ganz auf uns allein gestellt und ohne Gemeinschaft nur schwer überleben. Wir brauchen einander, um Freud und Leid zu teilen, uns zugehörig zu fühlen und uns gegenseitig Empathie und Mitgefühl entgegenzubringen.

> Ein **GLÜCKLICHES LEBEN** ist dann möglich, wenn wir den Spagat zwischen Verbundenheit und Abgrenzung hinbekommen.

Trotz aller Vorteile und Notwendigkeiten ist jedoch auch Gemeinschaft nicht immer leicht. Um uns selbst in unserer Einzigartigkeit zu stärken, müssen wir mitunter Grenzen setzen und unseren Standpunkt klar vertreten können. Ein glückliches Leben in Leichtigkeit und Balance ist uns nur dann möglich, wenn wir den Spagat zwischen Verbundenheit auf der einen und Abgrenzung auf der anderen Seite hinbekommen. Erst sobald wir unsere Individualität ausleben und dabei trotzdem ein erfüllendes Miteinander gestalten können, werden wir uns langfristig gut in der Welt aufgehoben fühlen.

In diesem Kapitel erfährst du, welchen Einfluss die Menschen in deinem unmittelbaren Umfeld auf dich haben (und umgekehrt!) und worauf du im Umgang mit ihnen achten solltest. Du erhältst praktische Tipps, wie du durch sicheres Auftreten deine Position stärken und eine solide Basis für gute Gespräche und Verhandlungen schaffen kannst. Das Vertrauen in deine Wahrnehmung und in deine Sicht der Dinge spielt dabei eine tragende Rolle. Sie ist es, die dir dabei hilft, intuitiv die richtigen Entscheidungen zu treffen.

Wie dein Umfeld dich beeinflusst

Der US-amerikanische Unternehmer und Motivationscoach Jim Rohn behauptet: „Du bist der Durchschnitt der fünf Menschen, mit denen du die meiste Zeit verbringst." In meinen Vorträgen achte ich immer ganz genau auf die Reaktionen des Publikums, wenn ich diesen Satz vorlese. Diese sind überaus interessant und aufschlussreich. Von nachdenklichen Blicken, energischem Kopfschütteln bis hin zu Ausrufen wie „Oje, das ist ja schrecklich!" ist tatsächlich alles dabei. Ja, manche lächeln auch, aber das kommt nicht so oft vor wie die eben erwähnten Reaktionen. Unser soziales Umfeld färbt auf uns ab. Das wissen die meisten, aber die Tatsache anzuerkennen, dass wir wirklich der Durchschnitt der Personen sind, mit denen wir am häufigsten zusammen sind, scheint vielen Menschen nicht geheuer zu sein.

Nun, auch wenn wir vielleicht nicht wirklich der wortwörtliche „Durchschnitt" sind, so ist Rohns Aussage doch nicht völlig aus der Luft gegriffen. Steter Tropfen höhlt bekanntlich den Stein, und obwohl wir uns mit den Meinungen, Überzeugungen und dem Verhalten mancher Menschen so gar nicht identifizieren können, bleibt immer etwas davon an uns hängen. Meistens sind es Energien, die immer dann entstehen, während wir verbal oder nonverbal miteinander kommunizieren und interagieren. Allerdings sind uns diese Energien und Prozesse meistens nicht voll bewusst. Und genau da liegt der Stein des Anstoßes: Was uns nicht bewusst ist, können wir in vielen Fällen auch nicht oder nur sehr schwer ändern. Oft glauben wir, uns gut abgrenzen zu können, spüren

aber im Endeffekt dann doch die (oft unheilvollen) Auswirkungen dieses zwischenmenschlichen Geschehens.

Im Rahmen eines Workshops zum Thema Konfliktmanagement und soziale Beziehungen erzählte der Kursleiter eine interessante Anekdote über seinen Kontakt zu einem engen Freund. Beide waren begeisterte Politikfans und trafen sich regelmäßig zum Kaffee, um über die jüngsten Entwicklungen zu debattieren. Durch das geteilte Interesse an diesem vielschichtigen Thema entstand ein enges Band zwischen den beiden Freunden, und sie verbrachten gerne Zeit miteinander, um ihrer gemeinsamen Leidenschaft nachzugehen. Eines Tages gab es mal wieder eine besonders intensive und lebhafte Diskussion, die damit endete, dass der Erzähler der Geschichte völlig ausgelaugt und entkräftet das Café verlies. Zu Beginn schob er dieses Erlebnis auf seine vermeintlich schlechte Tagesverfassung, doch schon bald spürte er häufiger, der intensive Kontakt zu seinem Freund und der stets emotional aufgeladene Meinungsaustausch schlugen ihm auf den Magen. Oft war er aufgewühlt und angespannt, wenn er die Treffen verlies. Diesen Umstand erklärte er sich damit, dass in den gemeinsamen Gesprächen natürlich oft Probleme gewälzt und über Mängel und Unzulänglichkeiten diskutiert wurde. Vermutlich hatte die Situation schon immer etwas Überforderndes an sich gehabt, jedoch hatte mein Kursleiter damals noch keine so ausgeprägte Verbindung zu sich selbst gehabt und infolgedessen seine innere Zerrissenheit nicht gespürt. Somit konnte er auch keinen Bezug zwischen seinem Zustand und den bewegenden Gesprächsinhalten herstellen. Interessant ist außerdem, dass im Zuge der Geschehnisse die gegenseitige Sympathie und Wertschätzung zu keinem Zeitpunkt gelitten hatte. Es ging dabei wirklich nur um die belastende Auswirkung der Energie, die während des intensiven Austauschs zwischen den beiden Freunden entstand und von der sich abzugrenzen beinahe unmöglich war.

Dieses Beispiel zeigt uns eindrucksvoll, wie viele Dinge in unserem Unbewussten ablaufen, von denen unser bewusster Verstand nicht das Geringste mitbekommt. Um uns schützen zu können, müssen wir also erst mal ein bisschen tiefer graben und die unsichtbaren Verbindungen zwischen dem, was wir von anderen Menschen aufnehmen, und dem, was es in uns auslöst, aufdecken und sichtbar machen. Dazu eignet sich folgende Übung:

Welche Menschen prägen mich?
Schritt Nr. 1: Nimm ein Blatt Papier, und notiere fünf bis zehn der wichtigsten Menschen, mit denen du aktuell die meiste Zeit verbringst.

Schritt Nr. 2: Stell dir für jede einzelne Person, folgende Fragen:
- Tut mir diese Person gut?
- Habe ich vorwiegend positive oder negative Gedanken und Gefühle, wenn ich mit dieser Person zusammen bin?
- Wie fühle ich mich unmittelbar nach einem Treffen?
- In welcher Hinsicht färbt die Person auf mich ab?

Schritt Nr. 3: Bewerte deine Grundstimmung, die sich im Kontakt mit der Person einstellt, auf einer Skala von eins (grottenschlecht) bis zehn (grandios). Notiere jede Zahl bis (einschließlich) fünf in roter und jede Zahl über fünf in grüner Farbe.

Schritt Nr. 4: Zieh dein Fazit! Betrachte das Bild und frage dich:
- Bin ich gern der Durchschnitt dieser Personen?
- Gibt es jemanden (oder mehrere), der mir gar nicht guttut?
- Welche Veränderung wünsche ich mir und wie kann ich sie umsetzen?

Schritt Nr. 5: Reflektiere dich selbst! Wie wirkst du auf andere? Über welche Themen sprichst du vorwiegend? Was gibst du anderen mit? Schätze auf einer Skala von eins bis zehn die durchschnittliche Grundstimmung ein, die von dir ausgeht, während du mit Menschen interagierst. Vielleicht entdeckst du auch hier verborgene Potenziale zur Verbesserung deiner sozialen Beziehungen.

Die Dinge sind so, wie du sie vertrittst

Eines musst du über den Umgang mit Menschen wissen: Während wir miteinander kommunizieren, loten wir ständig bewusst und unbewusst unsere eigenen und die Grenzen unseres Gegenübers aus. Insbesondere dann, wenn wir uns noch nicht sehr gut kennen oder ein Anliegen vorzubringen haben.

Ein gutes Beispiel hierfür stellt das Gespräch zwischen zwei Parteien dar, die versuchen, einen Termin zu vereinbaren. Im Zuge meiner Recherchen zu diesem Buch sprach ich mit mehreren Leuten, die in Praxen, Büros und Studios für die Verwaltung und den Kundenservice zuständig sind. Viele erzählten mir, dass das Prozedere der Terminvergabe regelmäßig zur sprichwörtlichen Staatsaffäre werde. Anfänglich werden häufig die Kunden gefragt, wann es ihnen zeitlich am besten passen würde, zum Termin zu erscheinen (z. B. an bestimmten Wochentagen, vormittags/nachmittags). Damit wird dem Gegenüber suggeriert, er könne sich den Zeitpunkt frei aussuchen, was dieser dann natürlich auch

Wir loten ständig GRENZEN aus.

macht. Der Kunde wählt also verständlicherweise einen Termin aus, an dem er nichts anderes vorhat. Womöglich ist jedoch genau dieser Termin nicht mehr verfügbar und die Suche nach einem für beide Seiten passenden Zeitpunkt geht weiter. Da der Kunde zu Beginn die Suggestion erhalten hat, frei wählen zu können, fällt es ihm nun schwer zurückzurudern und sich anzupassen. Unter diesen Voraussetzungen einen gemeinsamen Nenner zu finden, ist extrem schwierig. Hätte er hingegen gleich am Anfang des Gesprächs die Information erhalten, in nächster Zeit sei nur noch ein einziger Termin (z. B. am kommenden Donnerstag um 15 Uhr) frei und Änderungen seien ausgeschlossen, hätte die ganze Situation eine völlig andere Wirkung auf ihn gehabt. Vermutlich wäre die Sache niemals so umständlich geworden, weil dem Kunden von vornherein vermittelt worden wäre, dass er sich Zeit freischaufeln muss, wenn er den Termin wahrnehmen will. Das ist in den meisten Fällen auch gar kein Problem, es kommt lediglich darauf an, wie die Information kommuniziert wird. Zudem fällt die Wertschätzung dafür, den letzten verfügbaren Termin ergattert zu haben, um einiges höher aus.

Es kommt auf die **ART UND WEISE** *an, wie du Information rüberbringst.*

Du siehst also: Es kommt gar nicht so sehr auf die Information selbst an, die du kommunizierst, sondern vielmehr auf die Art und Weise, wie du sie rüberbringst. Dein Gesprächspartner spürt intuitiv, wie überzeugt du von deinem Standpunkt bist und ob du felsenfest hinter dem stehst, was du sagst. Strahlst du Unsicherheit aus, ist die Wahrscheinlichkeit für Diskussionen viel höher. Womöglich lässt du dich überreden, von deiner Position abzuweichen und Kompromisse einzugehen, die du später bereust. Mache nicht den Fehler zu glauben, du wärst in der Bringschuld, wenn du Nein sagst oder an deinem ursprünglichen Plan festhältst.

Um beim Beispiel der Terminvergabe zu bleiben: Vielleicht konnte dem Kunden erfolgreich klargemacht werden, dass der von ihm gewünschte Termin nicht zur Verfügung steht. Nun aber schleicht sich das Gefühl ein, ihm eine Extra-Alternative bieten zu müssen, damit die Kirche im Dorf bleibt. Aus diesem Grund wird entweder kurzfristig etwas umorganisiert oder dem Kunden ein Termin angeboten, der im Normalfall nicht zur Verfügung steht, weil er außerhalb der Geschäftszeiten liegt oder grundsätzlich nicht vergeben wird. Das bedeutet nicht nur einen Haufen Mehraufwand, sondern auch die Bedürfnisse anderer sind wieder einmal wichtiger als die eigenen.

Halte dir im Kontakt mit Menschen immer vor Augen: Die Dinge sind ganz genau so, wie du sie vertrittst! Es liegt ganz allein an dir, ob du – in welcher Angelegenheit auch immer – am Steuer sitzt oder ob andere das Ruder übernehmen und dir ihren Willen aufdrängen. Das gilt nicht nur in Situationen, in denen jemand etwas von dir will oder braucht, sondern insbesondere auch in denen du selbst eine Bitte oder einen Wunsch äußern möchtest. Auf das Wie kommt es an!

Vier Psychotricks für starkes Auftreten und Durchsetzungskraft

Trau deiner Wahrnehmung!

Mal ehrlich: Würdest du dir ein Kleidungsstück kaufen, nachdem dir jemand gesagt hat, dass es dir überhaupt nicht steht? Und was wäre, wenn diese Person jemand ist, die dir sehr nahesteht, beispielsweise deine Schwester oder dein Partner? Nun, bestimmt gibt es Menschen, die sich nicht darum kümmern, was andere denken, und zur Gänze auf sich selbst vertrauen. Aus eigener Erfahrung weiß ich jedoch, wie schwierig es mitunter ist, sich von den Meinungen anderer Menschen abzugrenzen und selbstbewusst eigene Entscheidungen zu treffen. Viel zu oft lassen wir uns beeinflussen und gehen Wege, die nicht wirklich unsere eigenen sind. Manchmal fühlt sich etwas auch so lange stimmig an, bis jemand daherkommt und seinen Senf dazugibt. Dann breitet sich der Zweifel in unserem Kopf aus wie Unkraut im Garten und ist fast nicht mehr loszuwerden. Doch warum sollten die Überzeugungen anderer wichtiger (und richtiger!) sein als deine eigenen? Es geht doch schließlich um dich. Merke dir: In deinem Leben bist du allein der*die Expert*in und du darfst auf deine Wahrnehmung vertrauen! Du allein spürst intuitiv, was das Richtige ist und welche Richtung du einschlagen möchtest.

Du allein spürst INTUITIV, was das Richtige ist.

Lass mich die Problematik, mit der ich dieses Thema eingeleitet habe, etwas weiter ausführen: Vor einiger Zeit machte ich Ferien im Ausland und verbrachte dort einen ganzen Tag allein in einem Einkaufszentrum. Als ich durch die Geschäfte schlenderte, fiel mir ein Paar

Schuhe mit auffälligem Muster ins Auge. Das etwas ausgefallene Design war im Grunde nicht mein Stil. Diese Tatsache war mir mehr als bewusst, als ich die Schuhe trotzdem anprobierte und immer mehr Gefallen an ihnen fand. Dennoch war ich innerlich hin- und hergerissen zwischen dem Wunsch, mal was Neues auszuprobieren, und der Unsicherheit in Bezug auf die Reaktionen, die ich damit wohl ernten würde. Da ich aber schon länger mit dem äußerst hilfreichen Glaubenssatz „Trau deiner Wahrnehmung!" arbeite, hörte ich auf mich und kaufte mir die Schuhe. Als ich sie dann zu Hause voller Stolz meinen Leuten präsentierte, passierte genau das, was ich befürchtet hatte: Die Reaktionen reichten vom dezenten „Ist halt mal was anderes" bis hin zum eindeutigeren „Wichtig ist, dass sie dir gefallen" (mit Betonung auf „dir"). In diesem Moment wurde mir klar, ich hätte niemals den Mut gehabt, mich für die Schuhe zu entscheiden, wenn all diese Meinungen und Kommentare schon vor dem Kauf auf mich eingeprasselt wären. Ich hätte sofort meinen Geschmack angezweifelt und mich anderweitig umgesehen. Der wichtigste Teil dieser Geschichte aber kommt noch: Inzwischen sind genau diese Schuhe, mit denen ich damals leider wenig Eindruck schinden konnte, zu meinen absoluten Lieblingsschuhen geworden. Ich trage sie wirklich ständig und bin richtig glücklich mit meiner Kaufentscheidung, die ich ganz allein und ohne fremden Einfluss getroffen habe. Beim nächsten Mal in der Zwickmühle, weil du in eine Richtung tendierst, die andere nicht unterstützen, sei doch einfach mal mutig und zieh dein eigenes Ding durch! Mehr als lernen kannst du sowieso nicht.

Kleine Worte – große Wirkung

Willst du deinen Aussagen und Argumenten zu mehr Durchschlagskraft verhelfen, solltest du in Diskussionen und Verhandlungen deine Wörter und Ausdrücke sorgfältig auswählen. Prinzipiell solltest du immer darauf achten, jede Aussage mit einer Begründung zu versehen, egal ob du um etwas bittest oder jemanden von einer Sache begeistern möchtest. Wenn du Begründungen lieferst, fällt es dir viel leichter, Menschen für dich zu gewinnen. Ob es sich dabei um gute und inhaltlich schlüssige Gründe handelt oder nicht, spielt eine absolut untergeordnete Rolle. In einem aufsehenerregenden Experiment an der Harvard University aus dem Jahr 1977 kam die Professorin Ellen Langer zu überaus erstaunlichen Ergebnissen. Ein Mann aus ihrem Forschungsteam betrat eine Bibliothek, in der mehrere Menschen am Kopierer anstanden und warteten, bis sie an der Reihe waren. Seine Aufgabe war es zu erreichen, dass die Wartenden ihm freiwillig den Vortritt lassen würden. Er trat also an die Leute in der Warteschlange heran und versuchte sein Glück auf mehreren Wegen:

Aussagen brauchen BEGRÜNDUNG.

- Versuch (ohne Begründung): „Ich habe hier fünf Seiten, die ich kopieren muss. Darf ich bitte vorgehen?" → Rund 60 Prozent ließen den Forscher vor.
- Versuch (mit echter/realer Begründung): „Ich habe hier fünf Seiten, die ich kopieren muss. Darf ich bitte vorgehen, weil ich es eilig habe?" → Rund 94 Prozent ließen den Forscher vor.
- Versuch (mit unsinniger Begründung): „Ich habe hier fünf Seiten, die ich kopieren muss. Darf ich bitte vorgehen, weil ich kopieren möchte?" → Rund 93 Prozent ließen den Forscher vor.

Die Ergebnisse konnten in weiteren, teils größer angelegten Studien bestätigt werden. Das Zauberwort, das dir dabei hilft zu bekommen, was du willst, heißt also „weil". Der Teil der danach kommt, ist dabei gar nicht so wichtig. „Weil" signalisiert: Wir haben gute Gründe für unsere Argumentationen. Schon das allein steigert die Erfolgswahrscheinlichkeit.

Weitgehend verzichten solltest du hingegen auf die Wörtchen „aber" und „eigentlich". Sätze, die ein „aber" enthalten, bergen immer einen Widerspruch. Wenn du jemandem erst aufmerksam zuhörst und dann deine Argumentation mit: „Ja, aber ..." beginnst, sprichst du eine sogenannte bejahende Verneinung aus. Es wirkt dann zwar erst mal so, als hättest du den Standpunkt deines Gegenübers verstanden und akzeptiert, im zweiten Moment allerdings setzt du durch das Wort „aber" bereits zur Gegenargumentation und Entkräftigung seiner Aussagen an. „Aber" beinhaltet die Annahme, dass entweder das eine oder das andere Bestand hat, jedoch nicht beides gleichzeitig geht. Offensichtlich bringst du deinem Gesprächspartner durch diesen eindeutigen Widerspruch kein Gefühl der Wertschätzung entgegen. Und auch dir selbst tust du mit diesem Ausdruck

Verzichte auf die Wörtchen **ABER** *und* **EIGENTLICH!**

keinen Gefallen. Mit „Ich möchte gerne einen Film sehen, aber ich habe noch viel Arbeit" signalisierst du deinem Gehirn, dass du dich für eine Sache entscheiden musst, weil beides nicht geht. Um diese Spaltung zu überwinden, kannst du das „aber" öfters mal durch ein „und" ersetzen.

Was gibt es am Begriff „eigentlich" auszusetzen? Nun, so viel steht fest: Wenn du es in deine Argumentation einbaust, beraubst du sie damit jeglicher Durchschlagskraft. „Eigentlich" bedeutet so viel wie „Irgendwie schon, aber so richtig dann doch nicht." Sie ist also auch eine Art bejahende Verneinung und sagt im Grunde gar nichts aus. Aussagen, in denen „eigentlich" vorkommt, wirken halt- und substanzlos. Verwende stattdessen lieber die Ausdrücke „im Grunde", „sozusagen", „im Prinzip" oder „gewissermaßen". Diese werden weniger einschränkend wahrgenommen.

Uneingeschränkt erlaubt:
↘ weil

Mit Vorsicht zu genießen:
↘ aber
↘ eigentlich

…, weil

Diesbezüglich habe ich noch eine kleine (aber bedeutende) Notiz am Rande für dich: Willst du bei jemandem Gehör finden, solltest du dein Anliegen
↘ kurz und knapp;
↘ offen und ehrlich;
↘ mit Begründung;
↘ aber ohne Umschweife und ohne Rechtfertigung formulieren.

Verzichte auf alles, was deine Bitte relativieren könnte, wie die nachfolgenden „Blüten" des mangelhaften Verhandlungsgeschicks es tun:
- „Ich wollte nachfragen, ob ich vielleicht/eventuell freibekommen könnte."
- „Nur, wenn es geht/keine Umstände macht."
- „Sollte es nicht klappen, ist das auch kein Problem!"

Mal ehrlich, würdest du jemandem, der so redet, einen Wunsch erfüllen oder einen Gefallen tun? Wenn du dich auf diese Art ausdrückst, signalisierst du Unterwürfigkeit, und dein Gesprächspartner bekommt leicht den Eindruck, dein Anliegen sei in der Tat nicht so wichtig, oder du stündest selbst nicht dahinter und es sei dir deshalb unangenehm, überhaupt zu fragen. Die Aussicht auf Erfolg ist in beiden Fällen äußerst gering.

Begründen heißt KURZ UND KNAPP eine Erklärung zu formulieren.

Ach, übrigens: Der Übergang von der Begründung zur Rechtfertigung ist fließend! Rechtfertigen bedeutet in der Regel, lang und breit auszuführen wieso, weshalb und warum man etwas so und nicht anders haben möchte. Begründen heißt kurz und knapp eine Erklärung zu formulieren und diese dann so stehen zu lassen. Auch die Stimme, die Mimik und Gestik sowie die Körperhaltung entscheiden mit darüber, ob jemand als stark und durchsetzungsfähig oder als nachgiebig und zurückhaltend wahrgenommen wird, wie du im nächsten Punkt erfahren wirst.

Der Körper als Sprachrohr

Wir wissen jetzt: Sprache und Worte besitzen eine ungeheure Macht, und wir können sie als Werkzeuge einsetzen, um persönliche Ziele zu erreichen. Dasselbe gilt auch für die Sprache unseres Körpers. Durch unsere Haltung, unseren Gesichtsausdruck und die Handbewegungen,

die wir während des Sprechens machen, senden wir unentwegt Signale aus und erzielen damit – gewollt oder ungewollt – eine gewaltige Außenwirkung. Wie viel Einfluss wir durch unsere Körpersignale ausüben können, wird meiner Meinung nach immer noch weitestgehend unterschätzt. Ich habe hierzu vor langer Zeit von einem Experiment gelesen und es im Anschluss selbst durchgeführt. Wer schon einmal an einem Regentag die Stadt Meran besucht hat, weiß, dass dort eine ganze Menge los sein kann. Besonders die Geschäfte und Lokale im Zentrum sind gut besucht und in der Einkaufsgasse unter den Lauben herrscht nicht selten Hochbetrieb. Jahrelang bin ich mit hängenden Schultern und gesenktem Blick durch diese Laubengänge geschlendert und musste dabei immer den Leuten ausweichen, die mir entgegenkamen. Nun aber hieß es in der Übung, man solle doch mal bewusst aufrecht gehen, dem Körper erlauben, seinen Raum einzunehmen und den Menschen höflich, aber bestimmt ins Gesicht sehen. Ohne große Erwartungen startete ich den Versuch, und was dann passierte, war erstaunlich und fast ein bisschen magisch: Wie durch Zauberhand konnte ich plötzlich ganz entspannt und ohne auszuweichen durch die Laubengasse spazieren. Fast jeder, der mir begegnete, trat plötzlich zur Seite und machte Platz, damit ich vorbeigehen konnte. Indem ich meine Haltung verändert und mich getraut hatte, den Leuten in die Augen zu sehen, strahlte ich plötzlich Stärke und Selbstbewusstsein aus. Und genau darauf reagierten die Menschen, ohne dass es ihnen bewusst gewesen wäre. Im Alltag auf die Körpersprache zu achten, kann demzufolge viele Vorteile haben. In der untenstehenden Liste habe ich ein paar wichtige Grundregeln für dich zusammengefasst.

Bewusst aufrecht gehen und den Menschen höflich, aber bestimmt ins Gesicht sehen.

Fünf Basics für bessere Körpersprache:
1. Halte deinen Oberkörper aufrecht, indem du dein Brustbein nach oben ziehst. Stell dir vor, dort sei ein Faden befestigt, der von einer unsichtbaren Kraft in die Höhe gezogen wird und somit dafür sorgt, dass du dich gerade hältst.
2. Erde dich, indem du mit beiden Beinen einen sicheren Stand einnimmst und ganz bewusst in den starken Boden unter deinen Füßen hineinspürst. Besonders vor schwierigen Aufgaben oder in unangenehmen Situationen verhilft dir diese Übung zu mehr Sicherheit und Stabilität.
3. Erlaube deinem Körper, genügend Raum für sich zu beanspruchen. Gerade wenn wir unsicher sind, tendieren wir dazu, uns kleinzumachen, und genauso wirken wir dann auch. Bemerkst du diesen Vorgang bei dir, kannst du ein paar tiefe

Atemzüge nehmen und dir vorstellen, wie dein Körper sich ausdehnt und in seine ganz natürliche Größe zurückfindet. Denke daran: Du darfst dich zeigen!

4. Gewöhne dir an, deinen Kopf und vor allem auch dein Kinn leicht anzuheben. Am Anfang fühlt sich das vielleicht ungewohnt an, aber du wirst schnell merken, dass du die Welt nun aus einer anderen, selbstsichereren Perspektive betrachtest.
5. Schau deinen Mitmenschen entschlossen und selbstbewusst ins Gesicht/in die Augen, während du mit ihnen kommunizierst. Nur Mut! Du hast nichts zu verstecken, und es macht Spaß, in authentischen Kontakt mit anderen Personen zu treten.

Du musst nicht alle diese Schritte auf einmal umsetzen. Beginne mit dem, was dir am leichtesten fällt, und beobachte die Veränderungen, die sich sowohl in deinem Inneren als auch im Außen ergeben werden.

Denn die Sache mit der Körperhaltung verhält sich ähnlich wie die mit dem Lachen. Wir lachen, wenn es uns gut geht und wir glücklich sind. Das Ganze funktioniert aber auch umgekehrt: Lachen wir (und sei es nur vorgetäuscht), hebt sich dadurch unsere Stimmung. Dieses Prinzip lässt sich auch auf die Körpersprache anwenden. Eine gute Haltung signalisiert Souveränität und Selbstvertrauen. Umgekehrt können wir diese Gefühle bewusst fördern, indem wir an unserem körperlichen Ausdruck arbeiten. Mit anderen Worten: Korrigiere dein Auftreten und du wirst dich direkt besser und vor allem selbstsicherer fühlen. Nicht umsonst erklärte Charlie Brown seiner Freundin Lucy: „Das Verkehrteste, was du machen kannst, wenn du deprimiert bist, ist mit erhobenem Kopf dazustehen, weil es dir dann sofort besser gehen wird. Wenn du etwas von deiner Niedergeschlagenheit haben willst, musst du mit gekrümmtem Rücken und hängendem Kopf dastehen." Dem ist nichts mehr hinzuzufügen.

Kommunikation auf Augenhöhe

„Du hörst mir nie zu!", „Wegen dir fühle ich mich schlecht!" oder „Du bist schon wieder zu spät gekommen!": Wie wirken diese Sätze, wenn sie klar an dich gerichtet sind? Was fühlst du? Und vor allem: Welche Reaktion kommt dir als Erstes in den Sinn? Aussagen, die so formuliert sind wie die obigen Beispiele, werden meist als Angriff interpretiert (was sie genau genommen ja auch sind) und haben oft zur Folge, dass unsere Emotionen hochkochen und wir nicht mehr sachlich argumentieren können. Werden wir angegriffen, spüren wir im Allgemeinen das ausgeprägte Bedürfnis, uns zu verteidigen, egal ob der Konfliktpartner mit seiner

Kommuniziere in ICH-BOTSCHAFTEN

Aussage recht hatte oder nicht. Schuldzuweisungen lassen wir generell nur ungern auf uns sitzen, unter anderem auch deshalb, weil sie häufig unangemessene Verallgemeinerungen wie „immer" oder „nie" enthalten.

Um uns vor negativen Gefühlen zu schützen, leisten wir Widerstand und reagieren oft mit einer inneren Abwehrhaltung. Die „Botschaft" des Gegenübers erreicht uns dann nicht mehr, so berechtigt und sinnvoll sie auch sein mag. Um die Qualität des zwischenmenschlichen Miteinanders zu verbessern, entwickelte der US-amerikanische Psychologe und Mediator Marshall B. Rosenberg das Konzept der gewaltfreien Kommunikation (GFK). Er war der Meinung, dass die Art und Weise, wie wir miteinander sprechen, großen Einfluss darauf hat, ob und, wenn ja, wie gut wir uns in unser Gegenüber einfühlen können. Des Weiteren bezeichnete er diese wechselseitige Empathie als Grundvoraussetzung für stabile, friedliche Beziehungen. Ein wichtiger Baustein der GFK-Methode ist das Kommunizieren in sogenannten „Ich-Botschaften". Diese stellen den Gegenpol zu den oft kritischen „Du-Botschaften" wie in den Beispielsätzen am Anfang dar. Wer also in Ich-Botschaften kommuniziert, spricht von sich selbst, benennt die eigenen Gefühle und Bedürfnisse und äußert Wünsche für zukünftige Situationen. Weil Bewertungen und Verurteilungen hier keinen Platz haben, fällt es dem Gesprächspartner in der Regel leichter zu kooperieren und eine konstruktive und vor allem lösungsorientierte Diskussion zu führen. Die folgende Tabelle soll dir den Unterschied zwischen den möglichst zu vermeidenden Du-Botschaften und den neutraleren Ich-Botschaften demonstrieren:

Empathisch argumentieren	
Du-Botschaft (Angriff)	**Ich-Botschaft (neutrale Mitteilung)**
„Du hörst mir nie zu!"	„Ich habe das Gefühl, nicht gehört zu werden."
„Wegen dir fühle ich mich jetzt schlecht!"	„Ich fühle mich schlecht, wenn die Situation zwischen uns so abläuft wie jetzt gerade."
„Du bist schon wieder zu spät gekommen!"	„Ich mag es nicht, ständig auf dich warten zu müssen."
„Warum kannst du dich nicht einmal an unsere Abmachung halten?"	„Ich würde mir wünschen, dass du unsere Abmachungen einhältst."
„Deine Argumente sind Blödsinn!"	„Ich kann deine Argumente nur schwer nachvollziehen."
„Du bist so unzuverlässig!"	„Ich möchte mich auf dich verlassen können."

Möchtest du also schlagkräftig argumentieren und dabei eine Atmosphäre des gegenseitigen Respekts und der Toleranz entstehen lassen, solltest du an deinem Interaktionsstil arbeiten. Praktiziere gewaltfreie Kommunikation, indem du Ich-Botschaften benutzt, in Gesprächen stets bei dir selbst bleibst und von deinen eigenen Gefühlen sprichst. Achte darauf, deine Aussagen für dein Gegenüber nicht als Giftpfeile zu formulieren, die dann zur Folge haben, dass dieser sich in sein Schneckenhaus zurückzieht oder einen Gegenangriff startet.

Hommage an die Kraft einer großen Heilerin

Würdest du meine Behauptung glauben, dass es eine niemals versiegende Quelle der Kraft, der Erholung und der guten Gefühle gibt? Eine Quelle, die dir und allen Menschen jederzeit zur Verfügung steht und obendrein auch noch völlig kostenlos ist? Nun, wenn dir diese Vorstellung gefällt, dann habe ich jetzt gute Nachrichten für dich: Dieses Wunder existiert tatsächlich und du findest es direkt vor deiner eigenen Haustür! Regelmäßige Aufenthalte in der Natur stärken uns körperlich und psychisch – das ist nichts Neues. Die positiven Effekte dieser Begegnungen mit dem „Wunder in Grün" auf die Befindlichkeit von uns Menschen sind so vielfältig, dass Expert*innen sogar von einem Allheilmittel ohne Nebenwirkungen sprechen. Dieser Ruf kommt nicht von ungefähr! Tatsächlich ist Mutter Natur eine mächtige Verbündete im Kampf gegen diverse Beschwerden und Symptome und wirkt wie eine einzigartige Kombination aus Medizin und Psychotherapie. Ganz nebenbei macht sie uns nicht nur gesund, sondern auch noch glücklich.

Wenn wir stressige Zeiten durchmachen, leidet unser Immunsystem unter den vielfältigen Belastungsfaktoren, die diese schwierige Situation mit sich bringt. Ängste und Nervosität, innere Unruhe und Sorgen um die Zukunft machen uns anfällig für körperliche Krankheiten und psychische Beschwerden. Zeit in der Natur zu verbringen, hilft maßgeblich, uns von Belastungen jeglicher Art zu erholen und neue Kraft für den Alltag zu tanken. Um diesen Effekt zu erzielen, muss es nicht immer gleich ein ganzer Tag im Freien sein. Schon ein kurzer Spaziergang bleibt nicht ohne Wirkung! Stresshormone (z. B. Cortisol) werden abgebaut, der Hirnstoffwechsel wird angeregt und das Herz-Kreislauf-System stabilisiert sich. Der Körper aktiviert das parasympathische Nervensystem, wodurch wir uns gelassen und gleichzeitig frisch und munter fühlen. Allein schon der Blick ins Grüne wirkt blutdrucksenkend, ausgleichend und führt ganz allgemein dazu, dass wir uns einfach besser fühlen. Britische Forschungsteams fanden zudem heraus: Menschen die regelmäßig den Anblick natürlicher Grünflächen genossen, hatten weniger Verlangen nach ungesunden Genussmitteln wie Süßigkeiten, Fast-Food, Alkohol und Zigaretten.

> Allein schon der **BLICK INS GRÜNE** führt dazu, dass wir uns besser fühlen.

„Blicke in die schöne Natur und beruhige dein Gemüt.", schrieb Ludwig van Beethoven und pries mit diesem bekannten Zitat die entspannende und harmonisierende Wirkung von Landschaften an. Durch unseren hektischen Alltag stehen Grübelspiralen, innere Anspannung und Ängste bei vielen Menschen an der Tagesordnung. Auch hier bietet Mutter Natur wirksame Hilfe und Unterstützung. Sie schenkt uns Geborgenheit und erdet uns. Sie hilft uns, zurück zum Wesentlichen zu finden, zurück zu uns selbst. Wir fühlen uns sicher und beschützt und dürfen ganz wir selbst sein, wenn wir uns in grünen Gefilden bewegen. Unsere Aufmerksamkeit muss sich nicht – wie häufig im Alltag – auf eine ganz bestimmte Aufgabe richten, unsere Gedanken dürfen schweifen. Konzentrations- und Leistungsfähigkeit können sich regenerieren. Wir kommen körperlich und seelisch zur Ruhe.

Doch lass mich noch etwas weiter ausholen, es gibt noch viel mehr zu erzählen und vor allem zu entdecken!

Natürliche Zyklen

Die Zyklen und Rhythmen der Natur steuern und beeinflussen alles Leben auf unserem wunderbaren Planeten Erde. Instinktiv geben sowohl Tiere als auch Pflanzen sich dieser verborgenen Kraft hin und vertrauen den immer wiederkehrenden Kreisläufen. Nur wir Menschen tanzen mal wieder aus der Reihe. Zwar steht schon in der Bibel (Altes Testament, Buch Kohelet) geschrieben, alles Geschehen unter dem Himmel hat seine ganz bestimmte Zeit, jedoch setzen wir uns schon

lange und mit so großer Selbstverständlichkeit darüber hinweg, dass uns mittlerweile gar nicht mehr auffällt, wie weit wir uns von unserem Ursprung entfernt haben.

Ein gutes Beispiel hierfür ist unsere kaum noch vorhandene Anpassung an den natürlichen Tag- und Nachtrhythmus. Das Vorhandensein dieses niemals endenden Ablaufs lehrt uns Folgendes: Es gibt eine Zeit, um aktiv zu sein und eine Zeit zum Ruhen. Eine Zeit, um sich zu verausgaben und eine Zeit, um neue Kraft zu tanken. Es gibt eine Zeit der Helligkeit und des Aufbruchs und ebenso eine Zeit der Dunkelheit und des Rückzugs. Der in vielen Teilen dieser Erde herrschende Jahreszeitenwechsel weist ähnliche Züge auf. Dort gibt es eine Zeit der Wärme und eine Zeit der Kälte, eine Zeit der Aussaat und eine Zeit der Ernte, eine Zeit der langen Tage voller Tatendrang und eine Zeit der kurzen Tage, an denen wir die langen Abende zum Verschnaufen nutzen können. Fast alle Lebewesen schalten im Winter einen Gang zurück und nutzen diese Phase der äußeren und inneren Einkehr, um sich zu erholen und ihre Kräfte neu auszurichten. Manche halten sogar Winterschlaf und kehren im Frühjahr in alter Frische, ausgeruht und voller neuer Energie ins Leben zurück. All diese natürlichen Abläufe folgen den unumstößlichen Gesetzen einer höheren Ordnung. Damit dieses meisterhaft ausgeklügelte System auch einwandfrei funktioniert, sind immer beide Seiten vonnöten.

Vor gar nicht allzu langer Zeit war der Alltag von uns Menschen wie selbstverständlich noch von beiden Komponenten geprägt. Aus den Erzählungen meiner Großeltern habe ich vieles darüber erfahren, wie es in den Jahren, als sie selbst noch Kinder waren, zuging. Damals gab es noch keinen elektrischen Strom, was bedeutete, dass sich die Planung des ganzen Tages zwangsläufig am Sonnenstand orientieren musste.

Die Leute begannen also den Tag, als es hell wurde, und beendeten ihre Arbeit mit der einbrechenden Dunkelheit. Kerzen und Petroleumlampen waren damals teuer und deshalb äußerst sparsam in Gebrauch. Somit war es durchaus nicht unüblich, dass man bereits eine Stunde nach Sonnenuntergang sein Tagwerk zur Seite legte und sich ausruhte. Weißt du, was ich erstaunlich finde (Achtung, Ironie!)? Die Leute damals kamen doch tatsächlich zurecht! Insgesamt vielleicht sogar um einiges besser als wir heute, wenn man den Berichten der Zeitzeugen lauscht. Im Sommer war man meistens stärker gefordert, weil die natürlichen Umstände es zuließen, und im Winter erholte man sich von den Strapazen der schweren körperlichen Arbeit. Kaum vorstellbar, wenn man daran denkt, wie vollgestopft und durchgetaktet der Alltag der meisten Menschen heute ist.

Heute wird der Tagesablauf nicht mehr von natürlichen Rhythmen bestimmt, sondern von der Technologie.

Nachdem du jetzt einen Eindruck davon erhalten hast, wie unsere Vorfahren ihre Zeit einteilen mussten, werfen wir doch mal einen Blick auf unsere eigenen Gewohnheiten. Heute wird der Tagesablauf nicht

mehr von natürlichen Rhythmen bestimmt, sondern von der Technologie. Am Anfang stand das künstliche Licht, das es uns erstmals ermöglichte, ohne großen Mehraufwand auch vor und nach Einbruch der Dunkelheit zu arbeiten. Warum also warten, bis es hell wird, wenn man bereits zwei Stunden zuvor schon produktiv sein kann? Was sich heute auch so gut wie niemand mehr vorstellen kann: In früheren Zeiten gab es noch keine Autos. Wer Glück hatte, besaß ein Pferd, alle anderen gingen zu Fuß und das so lange, bis irgendwann ein Bus fuhr. Ja, das war enorm viel Zeit, die da aufgewendet werden musste, um von A nach B zu kommen. Zeit, die man heute Gott sei Dank besser nutzen kann, würde so manch einer sagen. Aber stimmt das wirklich? Eine ältere Frau erzählte mir einmal, dass sie sich als junges Mädchen immer

ganz besonders auf den Sonntag gefreut hatte. Sie besuchte damals zusammen mit ihrer Familie die Messe im Dorf, was einen Marsch von insgesamt mehreren Stunden erforderlich machte. Auf dem Nachhauseweg trafen sie alle möglichen Leute von anderen Höfen, die ebenfalls in der Kirche gewesen waren. So traten alle gemeinsam den Heimweg an, lachten, scherzten und hatten einen Heidenspaß. Wäre jede Familie einzeln im Auto ins Dorf und wieder zurückgefahren (so wie es heute praktiziert wird), wäre es nie zu diesen spontanen und vor allem bereichernden Begegnungen gekommen.

Die Zeitqualität war damals grundsätzlich eine völlig andere. Verglichen mit dem heutigen Stand, waren die

Die ZEITQUALITÄT war früher grundsätzlich eine völlig andere.

Kommunikationswege lang und umständlich, aber das brachte auch Vorteile mit sich. Ohne die vielfältigen technischen Hilfsmittel, die heutzutage nicht mehr wegzudenken sind, ging es halt einfach nicht schneller! Mitteilungen wurden beispielsweise auf dem Postweg zugestellt (Der Postbote war entweder zu Fuß oder zu Pferd unterwegs, bis später dann das „Postauto" fuhr), und es kam vor, dass man mehrere Tage oder sogar Wochen auf eine Antwort wartete. Früher existierte also noch etwas, das uns mittlerweile (selbst verschuldet!) abhandengekommen ist: Leerläufe! Genau diese brauchen wir aber, um die Effizienz unserer Arbeit aufrechthalten zu können. Bis diese Tatsache im gesellschaftlichen Mainstream Wurzeln schlagen wird, wird noch einiges an Wasser den Bach hinunterfließen müssen. Ich selbst habe nicht schlecht gestaunt, als ich im Zuge meiner Recherchen hierzu den Begriff „Leerlauf" in die Suchmaschine eingab. Unter den vorgeschlagenen Synonymen fand sich (ziemlich weit vorne!) auch das Wort „Verlustgeschäft". Es wurde mir zudem ein populärwissenschaftlicher Artikel über die positiven Auswirkungen von Verschnaufpausen vorgeschlagen und „wie man sie optimal nutzen" könne. Irgendwie scheinen wir hier das Konzept nicht richtig verstanden zu haben. Es drängt sich folglich der Eindruck auf, dass unsere derzeitigen Abläufe von Atem- und Rastlosigkeit gekennzeichnet sind und dementsprechend Wartezeiten, Ruhephasen und eben auch Leerläufe keinen Platz mehr haben. Wie ich bereits im Kapitel über Stress und Burnout (siehe S. 34) schrieb, geht es heute meistens Schlag auf Schlag, und ein Projekt jagt das nächste. Durch die Erfindung des Computers, des Smartphones und des Internets entstanden vielfältige Möglichkeiten, um zu jeder beliebigen Zeit und an jedem beliebigen Ort arbeiten zu können und permanent vernetzt zu sein. Dieser eigentlich begrüßenswerte technische Fortschritt legte unserer Selbstbestimmung in Sachen

> Wir brauchen **LEERLÄUFE**, um die Effizienz unserer Arbeit aufrechterhalten zu können.

Offline ist der **NEUE LUXUS.**

Erreichbarkeit und wohlverdienter Rückzug von beruflichen Pflichten außerhalb der Arbeitszeit in die sprichwörtlichen Ketten. Inzwischen wird von uns erwartet, immer und überall erreichbar zu sein und unsere E-Mails, Nachrichten und Anrufe unverzüglich zu beantworten. Ich bekam einmal zu Weihnachten einen Terminkalender geschenkt, mit folgendem Zitat auf der Titelseite: „Offline ist der neue Luxus". Es ist doch wirklich kaum zu fassen, in welches Gefängnis wir uns selbst sperren, nur um uns immer weiter von unserem Ursprung zu entfernen und wie ferngesteuerte Roboter Unmenschliches zu leisten.

Zurück zum Ursprung

Glücklicherweise hat der Mensch es trotz ständiger Weiterentwicklung bisher noch nicht geschafft, alle limitierenden Gesetze der Natur außer Kraft zu setzen. Sie ist trotz der vielen Veränderungen, denen sie kontinuierlich ausgesetzt ist, immer noch ein Ort der Sicherheit und der Beständigkeit sowie ein Symbol für unbändige Kraft. Ein Beispiel: Alle Jahre wieder erwacht die Welt im Frühjahr zu neuem Leben. Die Wiesen und Felder erstrahlen immer wieder aufs Neue in saftig grünem Glanz, während der Herbst gekennzeichnet ist von bunter Farbenpracht, aber auch vom schrittweisen Rückzug der Natur in sich selbst. Diese Prozesse sind so sicher wie das Amen in der Kirche, und es ist doch erstaunlich, wie sie trotz aller gesellschaftlichen Umbrüche und trotz des ständig größer werdenden menschlichen Einflusses auf die Umwelt immer noch stattfinden. Da bekommt der Satz „Der nächste Sommer/Winter kommt bestimmt!" doch gleich eine viel tief greifendere Bedeutung.

Diese Form von Beständigkeit in einer sich immer schneller drehenden und verändernden Welt ist eine ungemein wichtige und wertvolle Ressource für unser mentales Wohlbefinden. Sie birgt den vertrauensvollen Glaubenssatz „Es gibt auch in deinem Leben/in deiner Welt

etwas, das bleibt" und vermittelt uns ein unglaublich tolles Gefühl des Sicherseins und Gehaltenwerdens. Ich würde sogar noch weiter gehen und behaupten, dass die klaren Regeln, die in der Natur vorherrschen, uns schützen und bewahren. Wovor aber müssen wir Menschen geschützt werden? Na, in erster Linie vor uns selbst! Dort, wo wir unsere Grenzen nicht achten, springt die Natur als unser Freund und Helfer, der nur unser Bestes im Sinn hat, ein. Sie schickt die Nacht und die Dunkelheit, um unseren Körper optimal darauf einzustimmen, seinem Ruhe- und Schlafbedürfnis nachzukommen. Sie zwingt uns quasi dazu, uns selbst immerhin ein Minimum an Erholung zukommen zu lassen, und sichert dadurch unser Überleben. Du merkst schon, welche unglaublich starken Kräfte hier am Werk sind. Die Weisheit steckt also tatsächlich im Ursprung, und je mehr wir uns ihm wieder annähern, umso ausgeglichener wird das Verhältnis der äußeren Anforderungen zu unseren inneren Ressourcen sein.

> Die klaren Regeln, die in der Natur vorherrschen, **SCHÜTZEN** und **BEWAHREN** uns.

Natürlich ist es für die meisten von uns nicht möglich und auch nicht erstrebenswert, wieder so zu leben wie vor über 100 Jahren. Aber wir können uns ein bisschen Ursprünglichkeit bewahren und immer wieder von den tollen Effekten dieser alternativen Lebensweise profitieren. Du könntest damit beginnen, den Anfang und das Ende des Tages etwas natürlicher zu gestalten. Hierzu ein paar Anregungen:

Tipps für deine natürliche Morgenroutine
- Lasse Fernseher, Laptop, Radio usw. aus und konzentriere dich stattdessen auf dich und dein Befinden. Wie fühlt sich dein Körper heute Morgen an? Wie hast du geschlafen? Vielleicht hast du geträumt. Wenn ja, was? Welche Gedanken gehen dir durch den Kopf? Freust du dich auf den bevorstehenden Tag?

- Achte bewusst auf die Farben und Geräusche des anbrechenden Tages. Wie sieht der Himmel aus, wenn du den Vorhang zurückziehst? Wie ist das Wetter genau in diesem Moment? Schaue nach draußen und versuche es selbst zu bestimmen, bevor du den Wetterbericht im Internet liest. Welche Geräusche dringen an dein Ohr? Vielleicht ist es Vogelgezwitscher oder ein vorbeifahrendes Auto? Vielleicht die Nachbarn, wie sie die Kinder für die Schule fertig machen?
- Nimm dir ausreichend Zeit für dein Frühstück! Anstatt zwischen Tür und Angel einen schnellen Kaffee zu trinken, solltest du die erste Mahlzeit des Tages zelebrieren und in vollen Zügen genießen. Diese Zeit sollte ganz dir selbst gehören, denn beim Frühstück schöpfst du die nötige Kraft und Energie für einen

erfolgreichen Tag. Achte beim gemeinsamen Frühstück mit deinem Partner, deiner Familie oder deinen Freunden unbedingt auf die Themenwahl. Mahlzeiten sind „Privatsache" und kein guter Rahmen, um Berufliches zu diskutieren.

Tipps für deine natürliche Abendroutine

- Leg dein Handy zur Seite, schalte Fernseher, Laptop, Radio usw. aus und spüre intuitiv, womit du dich beschäftigen möchtest. Du wirst merken, dass es Tätigkeiten gibt, bei denen du deine persönliche Belastungsgrenze viel besser spüren kannst als beim passiven Konsum von Medien. Ein Beispiel: Wenn du dich abends in eine Lektüre vertiefst, wirst du schnell deine zunehmende Müdigkeit spüren, bis du irgendwann wiederholt die gleiche Seite liest und dabei den Inhalt nur noch mit größter Mühe erfassen kannst. Infolgedessen wirst du das Buch aus der Hand legen und deinem natürlichen Schlafbedürfnis nachgeben. Siehst du dir hingegen Serien auf dem Bildschirm an, kannst du trotz intensiver Erschöpfung viel länger weitermachen und damit die natürlichen Signale deines Körpers übergehen.
- Stimme dich auf die Nachtruhe ein, indem du deine Psyche vor dem Schlafengehen gezielt entlastest. Anstatt Nachrichten zu lesen (die meistens zu einem großen Teil aus negativen Informationen bestehen), in Gedanken den morgigen Tag durchzugehen oder Probleme zu wälzen, solltest du dich bewusst den entspannenden und beruhigenden Facetten des ausklingenden Tages zuwenden. Du kannst beispielsweise einen kurzen Spaziergang im Freien machen oder vom Balkon aus den Nachthimmel beobachten. Ein heißes Bad eignet sich ebenso wie ruhige Musik, ein gutes Gespräch oder ein fesselndes Buch.

↘ Verzichte eine halbe Stunde vor dem Zubettgehen auf die Nutzung elektronischer Geräte, die über einen beleuchteten Bildschirm verfügen. Display-Beleuchtungen enthalten in den meisten Fällen einen Blauanteil, der dich abends künstlich wach halten kann. Die Ergebnisse zahlreicher Studien, durchgeführt an diversen renommierten Universitäten, weisen darauf hin, dass das blaue Licht die natürliche Ausschüttung des Schlafhormons Melatonin im Körper hemmen kann. Infolgedessen kann es zu Ein- und Durchschlafproblemen kommen.

Achte bei der Gestaltung natürlicher Routinen auch auf die Unterschiede zu den Tagen, an denen morgens und abends deine gewöhnlichen Abläufe stattfinden. Du wirst schnell merken, welche Rituale dir besonders guttun, und kannst diese beibehalten.

Quelle für Inspiration und Kreativität

Als ich mich in das Abenteuer „Buch" stürzte und mit dem Schreiben begann, ahnte ich noch nicht, wie viele wertvolle Lektionen ich unterwegs auf die harte Tour würde lernen müssen. Unter anderem machte ich die Erfahrung, dass es nicht klappt, sich morgens pünktlich um acht Uhr an den Schreibtisch zu setzen und Inhalte zu produzieren, die spannend, ansprechend und gleichzeitig emotional bewegend sind. Während des Schreibens hatte ich tatsächlich mehrere unproduktive Phasen, in denen es entweder gar nicht oder nur sehr schleppend voranging. Meistens nahm ich mir ganz viel vor und war dann frustriert, weil ich das von mir selbst veranschlagte Arbeitspensum nicht mal annähernd schaffte. Ich fing damit an, vieles vor mich herzuschieben, was es immer schwerer machte, den Anschluss wiederzufinden und die Motivation aufrechtzuerhalten. Dieser Prozess

Der Fachbegriff für „AUFSCHIEBERITIS" ist Prokrastination.

entspricht dem typischen Verlauf von „Aufschieberitis", einem Phänomen, das mitunter auch in sehr ausgeprägter Form auftreten kann und in Fachkreisen „Prokrastination" genannt wird.

In der Hoffnung, wieder etwas Leichtigkeit zu spüren und Erholung zu finden, unternahm ich Ausflüge in die Natur. Ganz nach dem Motto „Was soll's, der Tag ist sowieso schon verschenkt!" zog ich also los und machte daraufhin eine der wichtigsten Erfahrungen meines Lebens: Während ich den Gipfel erklomm, am Bergsee den Sonnenuntergang genoss oder im Wald Wildkräuter sammelte, löste sich die Blockade in meinem Kopf von ganz alleine. In mir drin wurde es still und ruhig, und ich war endlich imstande, meine Gedanken zu sortieren und sie kreativ auszuarbeiten. Plötzlich hatte ich viele Einfälle und Ideen zu Inhalt, Struktur und Formulierungen, weshalb ich mir angewöhnte, ein

Notizbuch mitzunehmen und unmittelbar alles aufzuschreiben, was mir unterwegs so einfiel. Zu Hause musste ich das Ganze dann nur noch in die richtige Form bringen. Von nun an klappte ich immer öfter meinen Laptop zu (mein persönlicher Auslösereiz/Anker für den „Chill-Modus") und ging einfach eine Runde spazieren. Manchmal setzte ich mich spontan ins Auto, fuhr in die Berge, breitete irgendwo eine Decke aus und arbeitete dort. Als ich merkte, wie sich mein Schreibprozess ins Positive entwickelte und völlig anders war, wenn ich währenddessen ins Grüne blicken konnte, verbrachte ich mehrere Tage am Stück auf einer Alm und überließ mich ganz dem Rhythmus der Natur. Dass dort meistens kein guter Internetempfang war und diese Tatsache eventuell auch zu meiner besseren Konzentration beigetragen haben könnte, möchte ich an dieser Stelle nicht unterschlagen.

Allerdings kam ich abseits von meinem aufgeräumten Arbeitszimmer zu Hause nicht nur schneller weiter, auch die Qualität meiner Arbeit veränderte sich. Umgeben von grünen Bergwiesen hatte ich das Gefühl, ganz ich selbst sein zu dürfen, und traute mich plötzlich, mutig Position zu beziehen und meine Ansichten zu vertreten. Dass kreative Prozesse sich nicht am Schreibtisch erzwingen lassen und man sie ebenso wenig auf Knopfdruck heraufbeschwören kann, soll ja allgemein bekannt sein. Und dennoch erstaunte und faszinierte mich die tief greifende Wendung der Situation. Aufgrund meiner großen Verwunderung beschloss ich, etwas weiter in die Tiefe zu gehen und das, was da gerade in mir passierte, etwas genauer zu betrachten.

KREATIVE PROZESSE lassen sich nicht am Schreibtisch erzwingen.

Dabei lernte ich einige sehr wichtige Lektionen, die ich gern mit dir teilen möchte:

↘ **Lektion Nr. 1:**

Leistung entsteht nicht, wenn du Dinge tust, die du im Grunde deines Herzens nicht willst oder hinter denen du nicht zu 100 Prozent stehen kannst. Bei der nächsten „Schreibtischblockade" oder bei der Einsicht, bestimmte Tätigkeiten gehen dir schwer von der Hand, solltest du vielleicht deine innere Motivation ins Auge fassen und nachforschen, ob du das, was du tust, überhaupt willst und ob die Art und Weise für dich stimmig ist. Möglicherweise brauchst du aber auch etwas Abwechslung oder eine Auszeit, um neue Inspiration zu finden. Betrachte Verschnaufpausen niemals als verlorene Zeit! Wie du an meinem Beispiel gesehen hast, können sie sich als wahre Kreativitäts-Booster entpuppen, die dich in deiner Schaffenskraft unterstützen und antreiben.

↘ **Lektion Nr. 2:**

Aufgaben erfolgreich zu Ende zu bringen, ist sehr schwer in einem Umfeld, in dem du dich nicht wohlfühlst oder in Gesellschaft von Menschen, die dir ein ungutes Gefühl geben. Erst bei passenden Rahmenbedingungen geht auch die Arbeit gut voran. Vielleicht musst du von Tag zu Tag neu in dich hineinspüren und entscheiden, was du heute brauchst, um in deine Kraft zu kommen. Im Zweifelsfall ist es ratsam, einfach mal die Energiequelle zu wechseln und unkonventionelle Arbeitsplätze im Grünen oder an sonstigen ungewöhnlichen Orten auszuprobieren. Not macht bekanntlich erfinderisch und daraus haben sich oft schon vielversprechende Einfälle ergeben.

↘ **Lektion Nr. 3:**

Produktivität und Effizienz stellen sich überwiegend dann ein, wenn es dir gut geht, du dich frei und ungezwungen fühlst und Herausforderungen

gemäß deinem innersten Wesenskern angehen kannst. Bevor du also deine Ärmel hochkrempelst und dich tatkräftig ans Werk machst, solltest du kurz innehalten und überprüfen, ob diese Voraussetzungen erfüllt sind. Im Idealfall spürst du kein „Muss", sondern ein „Will" oder ein „Darf", kannst innerlich loslassen und deine Aufgaben auf eine Art und Weise erledigen, die zu dir und deiner Persönlichkeit passt. Genau dann bist du im Fluss, das heißt im Einklang mit dir selbst und deinen Bedürfnissen. Du wirst die Erfahrung machen, dass unter den richtigen Umständen plötzlich alles viel leichter geht. Einen Versuch ist es allemal wert, oder?

Ja, alle diese Dinge lehrte mich die Natur, als ich mit einem Rucksack voller Fragen zur ihr kam und gar nicht damit rechnete, Antworten zu finden. Wie du siehst, ist sie viel mehr als nur ein Ort zum Entspannen und Abschalten. Sie erweist sich nicht selten als ultimative Quelle für Inspiration und Kreativität. Um die Schöpferkraft in dir zum Fließen zu bringen, musst du dich allerdings nicht zwingend in die Berge oder ans Meer begeben. Es lohnt sich auch, die kleinen grünen Flecken in deiner Nähe zu nutzen, sie so oft wie möglich aufzusuchen und zu erkunden, mit allen Pflanzen und Tieren, die es dort gibt. Natur ist überall, und wenn wir uns für sie öffnen und uns auf sie einlassen, wird sie uns mit Sicherheit reich beschenken.

Die Berge als Medizin: Psychotherapie to go

An dieser Stelle möchte ich gerne eine Lanze brechen für ein Thema, das mir als „Bergkind" mit starker Verwurzelung im Ultental, einer hochalpinen Region Südtirols, sehr am Herzen liegt. Es geht um die heilenden und stabilisierenden Effekte des Bergwanderns auf die menschliche Psyche. Hierzu gibt es eine Menge interessanter Fakten, und ich finde, dieser Ansatz findet sowohl in der Prävention als auch in der Behandlung von psychischen Beschwerden und Störungen bis heute viel zu wenig Beachtung. Gerne möchte ich etwas ausholen, um der ganzen Bandbreite dieser tollen Thematik gerecht werden zu können.

*Von oben auf die Naturlandschaft zu blicken, wirkt **BERUHIGEND** auf unser gehetztes Gemüt.*

Die alpine Bergwelt übt seit jeher große Faszination und starken Einfluss auf uns Menschen aus. Von oben auf die weitläufige, unberührte Naturlandschaft zu blicken, ist nicht nur beeindruckend, sondern wirkt auch beruhigend und entspannend auf unser gehetztes Gemüt. Kein Wunder, dass es immer mehr Menschen in die Berge zieht! Viele haben entdeckt, wie wohltuend es ist, in die Höhe zu steigen und die Welt sowie ihre eigenen Probleme von Zeit zu Zeit aus einer anderen Perspektive zu betrachten. Schon ein uraltes Sprichwort aus China sagt: „Steigst

du nicht auf Berge, siehst du nicht in die Ferne!" Und es stimmt noch immer. Der Blick, den wir von oben in die Ferne richten, rückt so manches in unserem Leben wieder ins rechte Licht. Plötzlich fällt es uns viel leichter, das Wesentliche und das wirklich Wichtige zu erkennen. Vielleicht wird uns auch bewusst, wie häufig wir uns über unwichtige Anlässe ärgern, und Probleme, mit denen wir zu kämpfen haben, verlieren aus Distanz betrachtet ihre Bedrohlichkeit, wenn nicht gar ihre Bedeutsamkeit. An die Stelle der negativen Emotionen, die wir vielleicht beim Aufbruch noch empfunden haben, tritt häufig ein Gefühl der tiefen Zufriedenheit und Geborgenheit. Obwohl der Aufstieg anstrengend und beschwerlich war, haben wir am Ende das Gefühl, ein Ziel erreicht zu haben und uns selbst besser spüren zu können. Eine wichtige Rolle bei der Entstehung dieses Glücksgefühls spielen der Abbau des Stresshormons Cortisol und die Ausschüttung der Botenstoffe

Serotonin und Dopamin. Beides geschieht vermehrt durch körperliche Aktivität in der freien Natur.

Beim Wandern in alpinem Gelände bekommt auch die Zeit eine ganz andere Qualität. Viele geraten in eine Art „Flow", ein sehr angenehmer Zustand, bei dem das Verhältnis von äußerer Anforderung und persönlichen Ressourcen perfekt ausgewogen ist. Man ist so vertieft in eine Tätigkeit, dass in diesem Moment nichts anderes eine Rolle spielt. Es ist das vollständige Aufgehen in dem, was man gerade tut (siehe auch S. 98). In den Bergen läuft uns die Zeit also nicht davon wie oft im hektischen Alltag. Im Gegenteil, sie scheint sich häufig sogar zu „dehnen". Ihre natürliche Qualität rückt uns so viel stärker ins Bewusstsein. Es fällt uns leichter, ganz im Hier und Jetzt zu sein und unsere Umgebung intensiv wahrzunehmen. Dieser Effekt kann durch das Erlernen von Achtsamkeitsübungen (z. B. achtsames Gehen und achtsames Wandern) noch um ein Vielfaches verstärkt werden. Durch die Anwendung solcher Techniken können wir unseren Blick schärfen für die Schönheit und die Vielfalt der Natur und ein ganz neues Bewusstsein entwickeln. Die dadurch erlangte Entspannung und Ausgeglichenheit führt zu mehr Gelassenheit im Alltag und stärkt die Fähigkeit, besser mit Schwierigkeiten umgehen zu können. Wir bauen psychische Widerstandskraft, die sogenannte Resilienz (siehe S. 54), auf.

Es ist schon lange hinreichend bekannt, dass Bewegung in der Natur uns psychisch stärkt und den Stressabbau fördert. Viele aktive Alpinsportler bestätigen: Bergwandern ist gut für das Wohlbefinden und wirkt sich positiv auf Körper und Geist aus. Diese Beobachtungen wurden jedoch lange Zeit kaum wissenschaftlich untersucht. Im Jahr 2016 veröffentlichte der Österreichische Alpenverein (ÖAV) eine groß angelegte Studie zum Thema „Effekte des Bergsports auf die individuelle Lebensqualität und Gesundheit". Beim Fachsymposium „Bergsport und Gesundheit" in Wien wurden die Ergebnisse vorgestellt. Es konnte gezeigt werden, dass bereits eine einzige Wanderung von nur wenigen Stunden eine deutlich positive Auswirkung auf die psychische Verfassung der Teilnehmer hatte. Diese berichteten von besserer Stimmung und mehr Gelassenheit. Dahingegen nahmen negative Emotionen wie Angst, Niedergeschlagenheit oder das Gefühl der Energielosigkeit ab. Auch die positiven Auswirkungen der sportlichen Aktivität auf den Körper konnten durch das Absinken des Cortisol-Spiegels im Speichel und die damit einhergehende signifikante Stressreduktion bestätigt werden. Laut Dr. Martin Niedermeier vom Institut für Sportwissenschaft an der Universität Innsbruck sind die Effekte nicht allein auf die körperliche Bewegung zurückzuführen, sondern auch auf die Natur, in der sie ausgeführt wurde. Er spricht in diesem Zusammenhang vom sogenannten „Umgebungseffekt".

Bewegung in der Natur fördert den STRESS-ABBAU.

Auch Dr. Reinhold Fartacek (Facharzt für Psychiatrie und Neurologie) führte am Universitätsklinikum Salzburg eine Bergwanderstudie durch. Seine Probanden waren stark suizidgefährdete Menschen, die im Rahmen ihrer therapeutischen Behandlung an der Untersuchung teilnahmen. Die Ergebnisse sind gleichermaßen verblüffend wie vielversprechend: Im Vergleich zur Kontrollgruppe nahmen bei den Probanden der Versuchsgruppe sowohl die Depressivität als auch die subjektiv empfundene Hoffnungslosigkeit und die Ausprägung der suizidalen Gedanken deutlich ab. Laut Fartacek wirkt die körperliche Betätigung in den Bergen ähnlich gut gegen depressive Erkrankungen wie die medikamentöse Therapie mit Antidepressiva und steht darüber hinaus auch einer Psychotherapie (herangezogen wurde die Kognitive Verhaltenstherapie) in nichts nach. Er bezeichnet das Bergwandern als vollwertigen Therapieansatz und räumt ein, dass in der Behandlung psychischer Störungen bisher viel zu wenig in diese Richtung gearbeitet wurde. Ein weiteres interessantes Faktum:

Bereits in früheren Untersuchungen, die die Wirksamkeit von körperlicher Aktivität – allerdings ohne die Überwindung von Höhenunterschieden – zum Gegenstand hatten, konnten positive psychophysische Auswirkungen nachgewiesen werden. Im Vergleich zum Wandern im flachen Gelände hatte das Bergwandern in alpiner Landschaft jedoch signifikant größere Effekte.

Bergwandern bedeutet also körperliche Anstrengung, die uns psychisch entlastet. Man kann es als Gegenstück zur bewegungsarmen Alltagshektik sehen, in der viele von uns feststecken. Und vielleicht ist diese Sportart gerade deshalb so wirksam. Für Menschen, die an Ängsten, chronischem Stress, Belastungszuständen oder gar Depressionen leiden, hat die Bewegung in den Bergen therapieähnliche Effekte, insbesondere wenn sie mit Strategien der Achtsamkeit verknüpft wird (siehe S. 82). In jedem Fall ist sie zudem eine effektive Form der Vorbeugung von diversen körperlichen und psychischen Beschwerden.

Wie du dich mit der Natur verbindest

Wie du in diesem Kapitel bereits erfahren hast, ist der moderne Mensch mittlerweile ziemlich weit von seinem Ursprung und damit auch von der Natur entfernt. Der US-amerikanische Kolumnist und Sachbuchautor Richard Louv schreibt in seinem Buch „Das letzte Kind im Wald" sogar vom „Naturdefizitsyndrom". Gemeint ist nicht nur die zunehmende Unkenntnis natürlicher Phänomene und Erscheinungen (als Beispiel dient die nachgewiesene Fehleinschätzung mancher Kinder, dass Kühe lila und Enten gelb sind), sondern auch das Wegfallen natürlicher Signale, die unser Körper braucht, um gesund zu bleiben. Zum Beispiel signalisiert uns der Körper im Normalfall (Nein, inzwischen ist es der Idealfall!), wann er Bewegung braucht und wann Ruhe. Er zeigt uns, wann er Licht und frische Luft möchte und wann er sich lieber zurückzieht. Die Entfremdung davon ist in vielerlei Hinsicht ein großer Verlust, denn wir verzichten freiwillig auf zahlreiche wohltuende Effekte, die im Kern einfach zu uns gehören und auf lange Sicht unverzichtbar für ein gutes Leben sind. Wir Menschen sind Teil der Natur, auch wenn wir implizit oft meinen, über ihr zu stehen, weil wir uns auf eigene Faust eine künstliche Welt erschaffen haben. Dabei ist die Natur noch immer die große und mächtige Mutter aller Dinge, und wir Menschen sind ihre Schüler, in erster Linie aber ihre Kinder. Vermutlich wirst du mir zustimmen: Kein Kind würde freiwillig seine Mutter aus seinem Leben verbannen, weil es glaubt, sie und ihre Fürsorge nicht zu brauchen. Diesen Fehler sollten auch wir nicht machen. Zum Glück ist es niemals zu spät, sich (wieder) mit der Natur zu verbinden! Auch du kannst dich der großen Mutter jederzeit annähern und eine Beziehung zur ihr aufbauen, um dich vertraut zu machen mit ihren harmonisierenden und stabilisierenden Kräften. Es gibt dabei nichts zu

> Unser Körper braucht **NATÜRLICHE SIGNALE**, um gesund zu bleiben.

verlieren, du kannst nur gewinnen! Deine ersten Schritte, um die Natur zu deiner Verbündeten zu machen, können in etwa wie folgt aussehen:

Werde zur Kräuterhexe!

Das Sammeln und Verarbeiten von Blumen, (Wild-)Kräutern und Heilpflanzen ist ein ganz besonderes Gefühl. Es ist definitiv nicht dasselbe, die Kräuter irgendwo zu kaufen und dann zu verwerten, obwohl das natürlich auch ein schönes und erfüllendes Hobby sein kann. Wer sich allerdings selbst auf den Berg, in den Wald, aufs Feld oder einfach in den Garten begibt und sich dort auf die Suche macht, kann sich dadurch besonders tief mit der Natur verbinden und ihre Kräfte in sich aufnehmen. Stell dir vor, du wärmst an einem kalten Winterabend deine Hände an einer Tasse Tee, während deine Gedanken zurückwandern in den Hochsommer und zurück an den wunderschönen Tag auf der Alm,

an dem du die Kräuter dafür gepflückt hast. Oder du kurierst eine Erkältung mit selbst gemachter Salbe, die du aus dem aromatisch duftenden Thymian in deinem Garten hergestellt hast. Die stoffliche und feinstoffliche (Heil-)Wirkung von Pflanzen ist grundsätzlich eine völlig andere, wenn diese mit persönlichen Erinnerungen assoziiert werden und auf diese Weise eine intensive Beziehung zur Natur entstehen kann. Kaum etwas bringt uns der Natur so nahe, wie respektvoll mit ihr zu arbeiten und dabei sowohl schöne als auch nützliche Dinge entstehen zu lassen.

Eine alte, fast vergessene Kunst, die seit einigen Jahren ihr Comeback feiert, ist das Räuchern. Dabei werden Baumharze oder getrocknete Pflanzenteile direkt auf heißer Kohle oder in einem speziellen Räuchergefäß verglüht oder ganz verbrannt. Der Duft des aromatischen Rauchs wirkt je nach Kräutern beruhigend, anregend, konzentrationsfördernd usw. Das bewusste Beobachten des aufsteigenden Rauchfadens kann eine meditative, ja bisweilen sogar hypnotische Wirkung haben. Ich selbst praktiziere das Räuchern schon seit Längerem und bin noch immer restlos begeistert! Besonders anregend ist ein Räucherritual, wenn zumindest eine der verwendeten Pflanzen selbst gesammelt wurde. Dadurch kann eine besonders intensive Verbindung zur Natur entstehen, die auch das Wohlbefinden stärkt und uns ein Gefühl des Heimkommens und der Geborgenheit gibt.

Entdecke die Poesie der Jahreszeiten

Den natürlichen, immer wiederkehrenden Wechsel der Jahreszeiten zu verfolgen und sein Leben an diesem Rhythmus auszurichten, kann zutiefst erfüllend sein und schult zudem die Fähigkeit der achtsamen Wahrnehmung. Oft fliegt das Leben geradezu an uns vorbei und wir nehmen diese natürlichen Zyklen nur am Rande oder gar nicht mehr wahr. Wer kennt das nicht: Auf einmal hält der Herbst Einzug und plötzlich kommt die schmerzliche Erkenntnis: „Der Sommer ist mal wieder viel zu schnell vergangen! Wo ist nur die Zeit geblieben?" Nun, die Sommertage waren da, ganz klar! Die eigentliche Frage lautet viel eher: Wo warst du? Wo waren deine Gedanken, wo deine Aufmerksamkeit? Der Sommer hätte noch so lang und noch so intensiv sein können; wenn wir seine Schönheit nicht beachten, ist sie in unserer Wahrnehmung nicht existent. Dabei birgt jeder Tag, jeder Monat und jede Jahreszeit eine unendliche Fülle an schönen Momenten, die nur darauf warten, dass wir uns an ihnen erfreuen. Hier ein kleiner Auszug:

Frühling

Die Welt erwacht zu neuem Leben. Die Tage werden spürbar länger, heller und wärmer. Das zunehmende Licht verändert unsere Stimmung und unser Gemüt. In höheren Lagen schmilzt der Schnee, Knospen treiben aus und die ersten Blüten blühen. Durch die intensivere Sonneneinstrahlung werden im Körper vermehrt Vitamin D (das einen wertvollen Beitrag zur psychischen Stabilität leistet) sowie das Glückshormon Serotonin ausgeschüttet. Es ist die Zeit, in der alles Leben langsam wieder in seine Kraft zurückkommt. Eine Zeit, um Altes hinter sich zu lassen und Neues zu beginnen. Was abfallen muss, darf abfallen, und neue Herausforderungen werden angenommen.

Sommer

Die Natur steht jetzt in ihrer vollen Blüte. Sowohl die Sonne als auch das Licht und die Helligkeit erreichen um die Sommersonnenwende am 21. Juni ihren höchsten Stand. Die Felder leuchten in saftigem Grün, aus den Frühlingsblüten reifen allmählich Früchte und die Ernte von Obst, Gemüse, Kräutern und sonstigen Pflanzen beginnt. Es ist die Zeit der Fülle und der großen Schaffenskraft. Sie eignet sich hervorragend, um

die Schönheit der Natur in sich aufzunehmen und sich intensiv mit den eigenen Bedürfnissen zu beschäftigen.

Herbst

Die Landschaft erstrahlt anfangs noch in intensiven Gelb-, Rot- und Orangetönen, die jedoch schon bald in die typischen spätherbstlichen Farben Braun und Grau übergehen, während die Natur sich langsam auf die Winterruhe vorbereitet. Die Tage werden spürbar kürzer, dunkler und kühler. Die helle Zeit ist nun zu Ende und die dunkle Jahreshälfte beginnt. Je weiter sie fortschreitet, umso mehr halten wir uns wieder im Haus und generell in Räumen auf. In diesen Wochen und Monaten geht es um den schrittweisen inneren Rückzug, um gezielte Entschleunigung und um die Vorbereitung auf den bevorstehenden Winter.

Winter

Die Natur hat sich in sich selbst zurückgezogen, es ist kalt und vielerorts ist die Landschaft von einer dicken Schneeschicht überzogen. Die Sonne und das Licht erreichen ihren tiefsten Stand. Im Winter herrscht zwar tiefste Dunkelheit, aber am 21. Dezember zur Wintersonnenwende wird das Licht bereits wiedergeboren. Es ist die Zeit, um in sich zu kehren, Rückschau zu halten und Bilanz zu ziehen über das vergangene Jahr. Die kalten und dunklen Wintermonate stehen für Ruhe, Rast, Geborgenheit und das Auftanken neuer Kräfte.

Wie du siehst, hat jede einzelne der vier Jahreszeiten enorm viel zu bieten und es gibt immer wieder Neues und Interessantes zu entdecken. Indem du beginnst, ganz bewusst auf die jahreszeitlichen Veränderungen zu achten und diese in dein Leben zu integrieren, stärkst du deine Naturverbundenheit und bindest dich selbst mehr und mehr in den natürlichen Kreislauf ein.

Waldbaden: Abtauchen ins Grüne

Zugegeben, am Anfang war ich nicht nur skeptisch, sondern auch belustigt, als ich mich erstmals mit der Bedeutung des Konzeptes „Waldbaden" auseinandersetzte. Es handelt sich um einen Trend, der vor einigen Jahren aus Japan zu uns überschwappte und sich seither großer Beliebtheit erfreut. „In den Wald gehen, atmen und aufmerksam sein. Na klar, das können sich mal wieder nur die Asiaten ausgedacht haben. Und so was wird als Geschäftsmodell aufgezogen und im großen Stil kommerzialisiert!" Das waren in etwa meine ersten Gedanken. Inzwischen habe ich mich etwas eingehender mit der Thematik befasst und sehe die Sache entsprechend positiver. Ich kann dem Wald und seiner Wirkung auf die menschliche Psyche sogar so viel abgewinnen, dass ich das Waldbaden hier als Tipp anführe.

Aber was kann man sich nun genau darunter vorstellen? Die Japaner nennen das Waldbaden „Shinrin Yoku" und es geht dabei um Entschleunigung und um das bewusste Eintauchen in die Waldatmosphäre. Du kannst dir zum Beispiel ein gemütliches Plätzchen suchen und dir selbst erlauben, einfach nur da zu sein, ohne den Anspruch etwas schaffen oder erreichen zu müssen. Wenn du möchtest, kannst du deine Aufmerksamkeit auf den ganz natürlichen Fluss deiner Atmung lenken und bei dieser Beobachtung ein Weilchen bleiben. Eine weitere tolle Übung besteht darin, den Signalen der Natur mit allen Sinnen nachzuspüren und dabei ganz im gegenwärtigen Augenblick zu verweilen: den Vogelstimmen lauschen, die würzige Waldluft inhalieren, die erdigen Farbtöne in sich aufnehmen, einen Windhauch auf dem Gesicht spüren ...

Du darfst den Wald als einen lieben Freund betrachten, den du besuchst und bei dem du dich einfach fallen lassen kannst. Ganz abwegig ist diese Vorstellung gar nicht: Wälder sind die Urheimat von uns Menschen und damit die ideale Umgebung, um unsere Naturverbundenheit und Verwurzelung zu stärken. Und genau darum geht es: um das Gefühl des Heimkommens, um das innige Spüren der natürlichen Atmosphäre und um das Finden zu sich selbst. Doch auch unser Körper profitiert vom „Baden" in grünen Gefilden und das nicht zu knapp! Im Wald hat allein das Ein- und Ausatmen gesundheitsfördernde Effekte. Die Luft dort enthält eine Menge Botenstoffe, welche von den Bäumen abgesondert werden. Diese sogenannten „Terpene" steigern die Anzahl und die natürliche Aktivität von Killerzellen im Blut und stärken dadurch unser Immunsystem. Zudem konnten sowohl positive Auswirkungen auf das autonome Nervensystem als auch auf das Immunsystem nachgewiesen werden. Bei so viel Heilwirkung überrascht es nicht, dass es an japanischen Universitäten mittlerweile einen ganzen Forschungszweig mit dem Schwerpunkt „Waldmedizin" gibt. Zeit im Wald zu verbringen, gehört dort zur ganz gewöhnlichen Gesundheitsvorsorge. Derzeit widmen sich mehrere Forschungsteams der Frage, ob Waldluft vielleicht sogar eine schützende Wirkung gegen Krebserkrankungen haben könnte. Die Natur mit allen Sinnen zu erleben und sich wieder als Teil von ihr zu begreifen und zu fühlen – darum geht es beim Waldbaden! Egal ob alleine, zu zweit oder in der Gruppe: Probiere es einfach aus, und sei neugierig, was der Wald für dich bereithält.

Tauche bewusst in die WALDATMOSPHÄRE ein.

Um dich bei deinem Start in ein Leben voller Leichtigkeit und Freude bestmöglich zu unterstützen, habe ich dir hier noch einmal die wichtigsten Punkte und Kerngedanken aus allen neun Kapiteln kurz und kompakt zusammengefasst.

Glücklich sein und Träume verwirklichen

- Was uns wirklich glücklich macht, ist höchst individuell. Erst wenn du aufhörst, dich an Idealen zu orientieren, die von außen an dich herangetragen werden, und stattdessen dein Inneres sprechen lässt, wirst du endlich finden, wonach du suchst.
- Glücklichsein ist kein Leistungssport! Erlaube dir, aus diesem kraftraubenden Konkurrenzkampf auszusteigen und dich der Welt in all deinen Facetten zu zeigen. Genauso wie du wirklich bist. Glaube mir: Du hast das Statussymbol „zur Schau gestelltes Glück" nicht nötig.
- Akzeptiere auch die Schatten in deinem Leben. Niemand ist immer und überall ausschließlich glücklich! Je mehr du dem Glück nachjagst und dich dabei unter Druck setzt, umso geschickter wird es sich vor dir verstecken. Gefühle sind immer im Wandel, und das ist gut so.
- Positive Erinnerungen erzeugen gute Stimmung! Mein Tipp gegen schlechte Laune: Stöbere mal wieder in alten Urlaubsfotos. In schwierigen Zeiten können bewusst gefasste Gedanken an vergangene Glücksmomente uns helfen, Grübelspiralen zu unterbrechen, positive Emotionen zu empfinden und wieder neuen Mut zu fassen.
- Warte nicht auf den perfekten Zeitpunkt, um deine Träume zu verwirklichen. Er wird nie kommen. Sei dir bewusst, dass du dein Leben nicht absichern kannst, auch wenn du es noch so sehr

möchtest. Trau dich, auch mal ins kalte Wasser zu springen, um deinen Träumen einen Schritt näherzukommen.
- Lass los und werde frei! Verabschiede dich vom Wunsch, alles Gute, das in dein Leben tritt, festhalten zu wollen. Was zu dir gehört, wird bei dir bleiben, alles andere darf gehen. Das ist ein ungeschriebenes Gesetz.
- Fehler sind Chancen, innerlich zu wachsen. Wir alle haben unsere Lehren aus Versuch und Irrtum gezogen. Du kannst dabei nur gewinnen oder lernen.
- Du musst nicht die ganze Last der Welt auf deinen Schultern tragen. Erinnere dich immer wieder daran, dass du das „Paket" abgeben und es einer höheren Kraft anvertrauen kannst. Vertrauen verträgt sich besser mit deiner mentalen Gesundheit als permanente Kontrolle.

Stress und Burnout vorbeugen

- Verabschiede dich von dem Prinzip der „Stressbewältigung"! Das Wort „Bewältigung" ist eng verwandt mit dem Begriff „Überwältigung" und klingt anstrengend, unentspannt und nach viel Mühe. Dahinter steckt in etwa folgende Botschaft: „Stress hast du sowieso, du musst ihn halt bewältigen, sprich irgendwie damit klarkommen." Das Konzept Stress an sich wird dabei hingenommen und nicht infrage gestellt.
- Lass nicht zu, dass dein Job, deine Arbeit und/oder deine Leistungen darüber bestimmen, wer du bist. All diese Attribute definieren nicht deine Identität, egal wie die Gesellschaft das sieht! Dein Wert als Mensch existiert unabhängig von deiner beruflichen Position, dem Arbeitspensum, das du schaffst, oder der Qualität deiner Leistungen. Stell dir doch mal die Frage: „Wer bin ich ohne diesen Job?"
- Die Reaktion unseres Körpers auf Stress ist evolutionsbiologisch entstanden und war für die Anforderungen der Menschen in der Steinzeit sinnvoll. Heute befinden wir uns oft im Dauerstress, wodurch die Konzentration an Stresshormonen im Blut langfristig erhöht ist. Das kann unserer Gesundheit massiv schaden.
- Du kommst besser durch stressige Tage, wenn du abends etwas hast, worauf du dich freuen kannst. Das kann das Lieblingsessen, ein spannender Film oder ein Treffen mit Freunden sein. Versuche immer wieder, solche kleinen Alltagsfreuden in dein Leben einzubauen.
- Deine Einstellung bestimmt in einem nicht zu unterschätzenden Maß darüber, wie viel Stress du im Zuge der Erledigung deiner Aufgaben empfindest. Konzentriere dich in erster Linie auf die Dinge, die gut laufen und mit denen du zufrieden bist. Das pusht

deine Motivation, auch die weniger angenehmen Themen (z. B. Probleme und Konflikte) anzugehen.
- ↘ Kreiere das „Best-case-Szenario"! Wenn eine schwierige Aufgabe auf dich zukommt, kannst du sie immer wieder durchspielen, und zwar so, wie sie bestmöglich ablaufen würde. Beziehe dabei alle deine Sinne mit ein, um lebendige Bilder zu produzieren. In der realen Situation wird dein Kopf jene Bilder wahr machen wollen, die er bereits kennt, und hilft dir auf diese Weise, deine Aufgabe erfolgreich zu meistern.
- ↘ Mach eins nach dem anderen! Multitasking ist das Gegenteil von Achtsamkeit und erzeugt Stress und Überforderung. Vor lauter Hetze verlieren wir manchmal das große Ganze aus den Augen. Nimm dir die Zeit, auch deine Erfolge zu würdigen. Wenn du eine Aufgabe erledigt hast, streiche sie von deiner To-do-Liste und freue dich über das, was du geschafft hast.

Gut auf sich selbst achten

- ↘ Selbstfürsorge hat nichts mit Egoismus zu tun! Nur wenn es dir gut geht, hast du genug Kraft und Energie für deine Pflichten und Aufgaben. Wenn du dich selbst hingegen stiefmütterlich behandelst und deine eigenen Wünsche immer hintanstellst, leidet nicht nur dein Wohlbefinden, sondern auch deine Leistungsfähigkeit.
- ↘ Lerne zu spüren, was du brauchst und wann du es brauchst. Dein Körper ist dabei dein engster Verbündeter und weist dir immer den richtigen Weg. Wenn du deine Bedürfnisse kennst und sie dir so gut wie möglich erfüllst, bist du weniger anfällig für Stress, Burnout und andere körperliche und psychische Belastungszustände.

- ↘ Du musst (und sollst!) nicht unmittelbar nach einem belastenden Ereignis, einem Rückschlag oder einer Niederlage wieder aufstehen und weitermachen. Bei Verletzungen des Körpers, beispielsweise einem gebrochenen Bein, leuchtet uns das sofort ein: Es braucht Ruhe und Erholung, um zu heilen und in die alte Stärke zurückzufinden. Würdige auch deinen seelischen Schmerz! Nimm dir so viel Zeit, wie du brauchst, um in deine Kraft zurückzukommen.
- ↘ Du hast genug Zeit, wenn du sie richtig nutzt! Indem du bewusst Prioritäten setzt, kannst du Zeitfresser in Schach halten und hast infolgedessen mehr Kapazitäten für das, was wirklich wichtig ist.
- ↘ „Nein" ist ein ganzer Satz und muss nicht erklärt werden! Betrachte das Nein, das du anderen gegenüber äußerst, als Ja zu dir selbst. Übe dich in Abgrenzung, indem du regelmäßig Gebrauch von diesem kleinen, aber wirksamen Wörtchen machst.
- ↘ Nichts bringt dich auf deinem Weg so gut voran wie eine Pause! Erstelle einen ganz auf deine persönlichen Bedürfnisse

zugeschnittenen Pausenplan und halte dich so konsequent wie möglich daran. Dein Energiehaushalt wird es dir danken.
- ↘ Entschleunige deine Sprache und deine Gedanken! Verzichte auf Wörter und Redewendungen, die Hast und Hektik auslösen. Wenn du lernst, deine Sätze anders zu formulieren, suggerierst du deinem Unbewussten, dass du auch mal einen Gang zurückschalten darfst.
- ↘ Beschäftige dich mit den Vorzügen einer achtsamen Lebensweise. Die Gedanken ins Hier und Jetzt zu holen, (innere) Zustände zu beobachten, ohne sie zu bewerten, und den mentalen Muskel zu trainieren, hilft dir, mehr Ruhe und vor allem Gelassenheit in dein Leben zu bringen.

Halt finden und Wurzeln schlagen

- ↘ Entdecke und nutze die Kraft der Natur für deine Gesundheit und dein Wohlbefinden! Sie ist die größte und mächtigste Heilerin und bietet wirksame Hilfe und Unterstützung, sowohl im hektischen Alltag als auch in belastenden Situationen.
- ↘ Allein der Blick ins Grüne hat positive/ausgleichende Effekte auf unsere Stimmung und unser inneres Erregungsniveau.
- ↘ Richte dein Leben so gut es geht nach den Rhythmen und Zyklen der Natur aus. Bewahre dir etwas Ursprünglichkeit, indem du deinen Tagesablauf so natürlich wie möglich gestaltest. Beginne mit der Morgen- und Abendroutine.
- ↘ Finde deinen ganz persönlichen Kraftplatz und begib dich regelmäßig an diesen Ort, um abzuschalten, dich zu erholen und Energie für deine anstehenden Aufgaben zu tanken.
- ↘ Du bist auf der Suche nach Inspiration und Kreativität? Ein toller Tipp gegen „Aufschieberitis" und Schreibtischblockaden: einfach

mal die Energiequelle wechseln und unkonventionelle Arbeitsplätze im Grünen ausprobieren!
- Bergwandern ist Medizin! Körperliche Betätigung im Gebirge wirkt nachweislich gegen Stress, depressive Verstimmungen und Angsterkrankungen.
- Binde die Natur in deinen Alltag ein, indem du zum Beispiel Kräuter sammelst und verarbeitest, dich mit dem Lauf und der natürlichen Qualität der Jahreszeiten beschäftigst oder zum Waldbaden gehst.
- Mach dir bewusst, dass viele Abläufe in der Gesellschaft und vieles von dem, was wir heute „Realität" nennen, in den letzten Jahrzehnten unter anderem durch die fortschreitende Globalisierung und Technisierung gewachsen ist. All das ist nicht in Stein gemeißelt! Früher war vieles anders und auch damals kamen die Leute zurecht. Erlaube dir, dein Leben so zu gestalten, wie es für dich passt!

Bibliografische Information der Deutschen Nationalbibliothek
Die Deutsche Nationalbibliothek verzeichnet diese Publikation in der Deutschen Nationalbibliografie; detaillierte bibliografische Daten sind im Internet abrufbar: http://dnb.d-nb.de

BILDNACHWEIS
Athesia-Tappeiner Verlag: 189
Lisa Gamper: 116
stock.adobe.com: Umschlag (LuckyStep), 6 (winvic), 11 (LAONG), 14 (Nailia Schwarz), 19 (nuzza11), 22 (REDPIXEL), 24 (Image'in), 26 (Teodor Lazarev), 33 (olly), 34 (fidowaty), 39 (Feng Yu), 40 (Mara Zemgaliete), 44 (lassedesignen), 50 (Carlo), 52 (Ljupco Smokovski), 58 (Wayhome Studio), 61 (Krakenimages.com), 62 (besjunior), 65 (angelo lano), 66 (Marino Bocelli), 68 (fotoknips), 72 (Rawpixel.com), 73 (michaklootwijk), 77 (Patrick Daxenbichler), 82 (Valerii Honcharuk), 85 (borphloy), 87 (Budimir Jevtic), 89 (fabioberti.it), 90 (Iuliia Pilipeichenko), 93 (Drobot Dean), 95 (fizkes), 96 (Nikolai Sorokin), 103 (GIS), 104 (Iryna80), 107 (encierro), 110 (Odua Images), 112 (JenkoAtaman), 115 (Drobot Dean), 118 (Alexandr Vasilyev), 122 (teamjackson), 124 (zilvergolf), 129 (Stefano Garau), 131 (lithimphoto), 132 (stockbusters), 135 (magann), 138 (hannah coleen guinco/EyeEm), 140 (Robert Kneschke), 143 (Creative Cat Studio), 144 (Engel73), 147 (berna_rikur), 148 (rawpixel.com), 151 (TwilightArtPictures), 153 (Victor Koldunov), 156 (deagreez), 158 (Natalya Glinskaya), 163 (lassedesignen), 164 (STUDIO GRAND WEB), 166 (contrastwerkstatt), 168/169 (mtsaride), 170 (sonyachny), 173 (motortion), 175 (adam121), 176 (suppa), 179 (K.Decor), 181 (zakalinka), 184 (loreanto), 185 (lovelyday12), 187 (Petro Teslenko), 192 (Yakobchuk Olena), 194 (Sonja Birkelbach), 197 (drubig-photo), 198 (TPhotography), 200 (pressmaster), 202 (rangizzz), 205 (Wayhome Studio), 207 (sailpix),

NACHWEIS FÜR LIEDTEXT auf Seite 117: „Es ist alles nur geliehen", Text von Heinz Schenk, Musik von Franz Grothe, © 1978 Edition Wiener Bohème-Verlag (Rechte Italien: Universal Music Publishing Ricordi Srl; mit Genehmigung von Hal Leonard Europe BV, Italy)

3. Auflage 2025
© Athesia Buch GmbH, Bozen (2022)
Weinbergweg 7
I-39100 Bozen
buchverlag@athesia.it

Design & Layout: Athesia-Tappeiner Verlag
Bildbearbeitung: Typoplus, Frangart
Druck: Athesia Druck, Bozen
Papier: Umschlag Symbol Card, Innenteil Selena

Gesamtkatalog unter
www.athesia-tappeiner.com

ISBN 978-88-6839-600-8
ISBN 978-88-6839-601-5 (e-Book)